# 헬로! 산천어

2권

# 헬로! 산천어

2권

초판 1쇄 발행 2025. 12. 19.

**지은이** 유인근
**펴낸이** 김병호
**펴낸곳** 주식회사 바른북스

**편집진행** 김수정
**디자인** 김민지
**마케팅** 송송이 박수진 박하연

**등록** 2019년 4월 3일 제2019-000040호
**주소** 서울시 성동구 연무장5길 9-16, 606호 (성수동 2가, 블루스톤타워)
**대표전화** 070-7857-9719 | **경영지원** 02-3409-9719 | **팩스** 070-7610-9820

•바른북스는 여러분의 다양한 아이디어와 원고 투고를 설레는 마음으로 기다리고 있습니다.

**이메일** barunbooks21@naver.com | **원고투고** barunbooks21@naver.com
**홈페이지** www.barunbooks.com | **공식 블로그** blog.naver.com/barunbooks7
**공식 포스트** post.naver.com/barunbooks7 | **페이스북** facebook.com/barunbooks7


ISBN 979-11-7263-719-4 03810

지금은 산천어를
만나볼 시간

# 헬로! 산천어

2권

유인근 지음

**아기 산천어와 아빠 산천어의 여정은**
**어쩌면 우리의 삶과도 닮아 있습니다**

때로는 거센 물살을 만나고, 또 어떤 날엔 따뜻한 만남과 사랑이 우리를 바꾸기도 합니다.
길을 함께 걷는 친구가 생기기도 하고, 언젠가 반드시 선택해야 하는…
용기의 순간도 찾아옵니다.
하지만 결국, 우리를 다시 일으켜 세우는 건, 서로의 따뜻함입니다.

바른북스

# 목차

제46화.

# 바비, 물살을 거슬러 오르다

초록강을 떠난 지 며칠째.
바비는 강의 흐름을 거슬러 묵묵히 앞으로 나아가고 있었다.

그의 꼬리는 쉼 없이 움직였고,
지느러미는 한층 단단해졌다.

그 옆에는 아빠 산천어가 느긋하게 헤엄치고 있었다.
“힘들면 잠깐 쉬자.”

“괜찮아요, 아빠! 이제는 숨도 안 차요!”

"어디서 많이 듣던 말인데…."
아빠는 피식 웃었다.

예전엔 '잠깐 쉬자'는 말만 들어도 울먹이던 녀석이었는데. 바비는 문득, 물살 사이로 비치는 자신의 그림자를 바라봤다.

예전보다 훨씬 커진 몸집,
그리고 더 깊어진 눈빛.

"아빠, 저… 예전엔 늘 누군가가 지켜줘야만 했어요."
그의 목소리는 잔잔했지만 단단했다.

"그게 당연하다고 생각했죠.
하지만 초록강에서 보낸 시간들이 저를 바꿨어요."

아빠가 잠시 미소 지었다.
"그래, 이제는 네가 나보다 앞서가고 있구나."

바비는 장난스럽게 말했다.
"그럼 이제 아빠가 저를 따라오세요!"

"이 녀석, 효도는 그렇게 하는 게 아니란다."

둘은 동시에 웃음을 터뜨렸다.

물살은 점점 거세졌다.
거품이 일고, 바닥의 자갈들이 덜컹거렸다.

바비는 한 번 휘청했지만, 금세 자세를 바로잡았다.
"후우… 그래, 이 정도면 버틸 수 있어."

옆에서 누치 형제의 목소리가 들리는 듯했다.
"몸을 맡겨, 바비야! 물살은 싸우는 게 아니라 타는 거야!"

그 말이 떠오르자,
바비는 거센 흐름 속에서도 미소를 지었다.

"아픔도, 두려움도, 낯선 만남도…
다 나를 강하게 만든 거였구나."

그의 꼬리 한 번, 지느러미 한 번,
그때마다 물살이 쪼개지며 반짝이는 빛이 흩어졌다.

"이제 알겠어요, 아빠.
진짜 강한 건 덩치나 지느러미가 아니라, 흔들리지 않는 마음이에요.”

아빠 산천어는 아무 말도 하지 않았다.

대신 살짝 미소를 짓고 바비 옆을 나란히 헤엄쳤다.

더 이상 ‘지켜주는 아빠와 지킴받는 아들’이 아니라, 같은 물살을 함께 나누는 동료로서.

바비는 하늘을 올려다봤다.

유년의 구름은 멀리 흘러가고 있었다.

그의 마음속에 새로운 해가 떠올랐다.

그날, 강물은 다시 말없이 흐르고 있었다.

“성장은 어느 날 갑자기 찾아오는 게 아니다. 천 번 흔들리고, 만 번 부딪히며, 물결 속에서 길을 배우는 것이다.”

작은 산천어 바비는 이제 한 마리의 ‘물살을 거스르는 강의 아이’가 되어 있었다.

그의 꼬리지느러미가 물을 가르며 은빛 파도를 일으켰다.

그 물결은 멀리, 아주 멀리— 고향의 계곡을 향해 반짝이고 있었다.

제47화.

# 산천어 마을을 향해
# 진군! 또 진군!

계곡의 밤은 숨소리 하나조차 조심스러웠다.

달빛은 나뭇잎 위에서 미끄러지고, 딱따구리 한 마리가 "따다닥!" 하며

어두운 숲의 적막을 깨고 있었다.

그 시각, 산천어 가족들은 쉼 없이 상류로 향하고 있었다.

앞장선 건 아빠 산천어, 그 뒤로 바비와 아기 송어들,

그리고 "우린 길잡이!"라며 깝죽거리는 누치 형제.

그들이 지나는 강물 위쪽 나뭇가지에는,

딱따구리 한 마리가 눈을 동그랗게 뜨고 지켜보고 있었다.

“저건 뭐야? 반짝거려!”
“물고기야. 근데… 왜 숲속을 지나가?”

딱따구리가 고개를 갸웃하자,
옆에 있던 다람쥐 형제가 꿀밤만큼 동그랗게 눈을 굴렸다.

“형, 나 지금 물고기가 걷는 걸 본 것 같아.”
“야, 그럴 리가. 물고기는 헤엄치는 거야.”

“아니아, 쟤는 진짜로 걷는 표정이야.”
나뭇가지 위의 관중석이 순식간에 술렁였다.

바비는 그 시선을 느끼며,
살짝 긴장한 듯 꼬리를 세게 흔들었다.
“아빠, 우리 지금 인기 많아요.”

“응… 근데 저 딱따구리 눈빛은 약간 먹을까 말까 고민하는 눈빛이야.”

“으악, 도망가요!”

물살이 한 번 더 튀었다.

초록 강물 대신 이제는 산골 계곡의 찬물이 그들을 감쌌다.

“조심해! 앞에 돌!” “헉, 이번엔 가시덤불!” “형! 내 꼬리에 이끼 꼈어요!”

누치 형제가 정신없이 소리쳤다.

아빠 산천어는 한숨을 쉬며 말했다.

“이래서 ‘팀플’이 어려운 거야….”

계곡은 점점 가팔라졌고,

물살은 마치 시험이라도 치르듯 강해졌다.

아빠 산천어의 몸엔 상처가 늘어갔지만,

그는 멈추지 않았다.

바비도, 어린 송어들도, 더 이상 울지 않았다.

그들의 얼굴에는 낯선 단단함이 자리 잡고 있었다.

“형아야… 너무 힘들어요. 고향길은 아직 멀었어요?”

아기 송어 하나가 힘없이 물었다.

아빠 산천어가 대신 대답했다.

"조금만 더 힘을 내자."

그 말에 바비가 재빨리 덧붙였다.

"조금만 더 가면 고향이래! 힘내자!"

하지만 사실, 아빠도 알고 있었다.

'조금만 더'라는 말이, 열 번은 더 나와야 할 거리라는 걸.

그래도 멈출 순 없었다.

희망은 멀리 있는 게 아니라, 지금 옆에서 숨을 쉬는 이 작은 생명들 속에 있었다.

짧은 휴식 시간.

바비가 아기 송어 동생들의 꼬리를 다듬어 주며 말했다.

"괜찮아? 지느러미 다친 데는 없어?"

"응… 형아 덕분에 괜찮아…."

아빠는 그 모습을 조용히 바라봤다.

'이 녀석… 완전히 달라졌구나.'

그는 조용히 다가가,

바비의 어깨에(정확히는 등지느러미 쪽에) 지느러미를 얹었다.

"바비야, 힘들지?"
"전 괜찮아요. 동생들만 무사하면 돼요."

그 말에 아빠는 잠시 말을 잃었다.
'그래, 이 녀석이 진짜 어른이 됐구나….'

"좋아, 얘들아, 힘내! 이제 마지막 고비야!"
아빠 산천어가 외쳤다.

물살은 한층 거세지고,
공기 중엔 폭포 냄새가 퍼졌다.

"아빠! 저기 봐요! 물안개 속에 무지개!"
"그래, 저기야. 저 무지개를 지나면… 바로 고향이다!"

바비는 꼬리를 단단히 움켜쥐듯 쥐었다.
모든 힘을 다해 물살을 거슬렀다.

눈이 따갑고, 숨이 막혀도, 뒤를 돌아보지 않았다.
그들의 여정은 피로와 웃음, 눈물과 용기가 뒤섞인 진짜 '진군'이었다.

그날 밤,
계곡 위 달빛이 산천어 무리의 비늘 위에서 반짝였다.

"길이 험하다는 건,
우리가 살아 있다는 뜻이다."

그리고 아빠 산천어는 마음속으로 다짐했다.
'황금송어야, 우리가 해내고 있어.
너와 했던 약속… 절대 잊지 않았어.'

물살은 거세졌고, 그들은 멈추지 않았다.
진군! 또 진군! 그들의 여정은 계속되고 있었다.

제48화.

# 황금송어, 그 강의 끝에서…

그날 밤, 초록강 여울가엔 황금빛 물결이 잔잔히 일렁였다.
황금송어는 홀로, 강 가장자리 얕은 물속에 머물렀다.

달빛이 물 위에 번지자, 그녀의 비늘은 마치 살아 있는 별처럼 반짝였다.

“말없이 다가오는 당신이… 그 어떤 말보다 따뜻했어요.”
그녀는 낮은 목소리로 속삭였다.

아빠 산천어는 단 한 번도 그녀에게 과거를 묻지 않았다.
그녀 역시 자신의 상처를 털어놓지 않았지만, 그의 침묵 속에는 '그냥 곁에 있겠다'는 약속이 있었다.

폭우가 내릴 때면 앞장서 물살을 가르던 산천어, 쓰러진 그녀 앞에 먼저 몸을 던지던 그가 있었다.

그렇게 말 없는 시간들이 쌓이며,
두 존재 사이엔 조용한 언약이 생겨났다.

"아이들을 위해, 서로를 위해, 끝까지 함께하자."

그러나 어떤 사랑은, 너무 조용해서
사랑이었단 사실조차 늦게야 깨닫게 된다.

황금송어는 마지막 순간, 물속으로 몸을 낮추며 속삭였다.
"내가 먼저 갈게요. 당신은 아이들을 꼭 데려가 주세요.
그게… 우리가 함께 만든 사랑의 마지막 선물이니까."

그녀는 알고 있었다.
자신이 사랑받았다는 걸. 그리고 자신도 누군가를 깊이 사랑했다는 걸.

멀리서, 아빠 산천어는 가슴 깊은 곳이 이상하게 떨렸다.

물살이 달라진 것도, 바람이 바뀐 것도 아닌데, 누군가가 자신에게 마지막 인사를 남긴 듯한 감정이 스쳤다.

그는 물살을 따라 흐르며 조용히 말했다.

"이제는 내가 당신의 마음을 품고 흐를게.

그게… 우리가 함께한 사랑의 대답이니까."

그 물결 속에서, 황금빛 기억 하나가 조용히 피어올랐다.

사랑은 사라지지 않았다.

그저 강물의 일부가 되어, 다시 생명을 밀어 올리고 있었다.

초록강의 가장 깊은 심장부.

빛 한 줄기도 닿지 않는 어둠 속에서, 황금송어는 조용히 눈을 감고 있었다.

독극물 오염은 그녀의 황금빛 비늘에서 생명을 앗아가고 있었지만, 그녀의 마음은 이상할 만큼 평온했다.

"이제 아이들은… 아빠 산천어와 함께

진짜 고향으로 가고 있겠지…."

그녀의 시선은 어딘가 먼 곳, 물결의 끝을 향하고 있었다.
기억이 물결처럼 피어올랐다.

아이들이 태어나던 날,
포근한 모래 둔덕 위에서 들리던 첫 울음소리.
깊은 웅덩이 속, 밤마다 걱정에 잠기던 그 시절.

그리고 어느 눈 내리던 날,
달빛 아래서 나눈 짧은 웃음과 따뜻한 숨결.

그 모든 것이,
지금 이 순간에도 그녀의 몸을 감싸고 있었다.

"당신은 약속을 지킬 거야.
우리 아이들을… 진짜 고향으로 데려가 줄 거야."

그 믿음을,
그녀는 마지막 숨결에 실어 보냈다.
물살이 천천히 그녀의 몸을 감쌌다.

그리고 황금빛 몸이 강바닥 위에 내려앉는 순간—
초록강은 잠시, 모든 흐름을 멈춘 듯 고요해졌다.

잠시 후,
수면 위로 부서지는 햇살 한 줄기.
그 빛이 강물 깊숙이 내려앉아, 작은 금빛 파문을 만들었다.

그 누구도 그 장면을 보지 못했지만,
초록강은 알고 있었다.

한 생명이 남긴,
조용하고도 위대한 이별을.

그날 이후,
초록강의 물빛은 이전보다 조금 더 따뜻해졌다.

마치 그녀의 마음이 아직도 그 안에서
천천히 흘러가고 있는 것처럼.

"사랑이란, 함께 있는 시간이 아니라
떠나도 여전히 흐르는 마음이었다."

제49화.

# 황금빛 마음이 흐르다

맑은 여울가, 이른 새벽의 빛이 고요하게 물 위로 내려앉았다.

가던 길을 멈추고, 잠시 쉼을 얻은 아빠 산천어는 바위 그늘 아래 조용히 앉아 있었다.

바비는 곁으로 다가와 아무 말 없이 그 옆에 앉았다.

둘은 한참 동안 흐르는 물결만 바라봤다.

"아빠··· 황금송어 님도 잘 지내고 있겠지요?"

그 질문에 아빠의 등지느러미가 살짝 떨렸다.

그는 천천히, 마치 기억을 더듬듯 말했다.

"바비야. 황금송어는 우리 모두의 어머니였단다. 네가 살아날 수 있었던 것도,

지금 우리가 고향을 찾아갈 수 있는 것도, 다 그녀의 용기 덕분이었지."

바비의 눈이 반짝였다.

"황금송어 님은… 참 좋은 분이에요."

아빠는 잠시 말을 멈췄다.

그리고 미소인지 눈물인지 모를 표정을 지었다.

"사랑이 뭔지 잘 몰랐던 시절이 있었단다.

하지만 누군가의 희생 덕분에 우리가 살아 있는 지금, 그게 사랑이었단 걸 이제야 알겠어."

바비는 가슴이 '쿵' 하고 울렸다.

그 목소리엔 무게가 있었다. 말로 다 할 수 없는 시간의 무게, 그리움의 온도.

"아빠… 저도 어른이 되면,

황금송어 님처럼 강해질 수 있을까요?"

아빠 산천어는 조용히 바비의 어깨를 감싸 안았다.
그의 지느러미는 따뜻했고, 강물보다 부드러웠다.

"바비야, 너는 이미 황금송어의 마음을 이어받았단다.
네가 살아 있다는 건…, 그 황금빛 마음이 네 안에서 다시 흐르고 있다는 뜻이야."

그날 밤, 바비는 꿈을 꾸었다.
맑은 계곡 위로 황금빛 물결이 흘렀고, 그 속에서 부드러운 지느러미가 자신을 감싸 안았다.

바비는 눈을 뜨며 다짐했다.
"나는 지켜낼 거야. 아기 송어들을, 나의 고향을,
그리고 황금송어의 마음을."

그의 비늘 위로 새벽 햇살이 비쳤다.
황금빛이 번졌다. 그리고 강물은 다시, 생명의 노래를 불렀다.

제50화.

# 아빠 산천어의 위기 : 그물망을 탈출하라!

아홉 번째 날 아침,
강물은 오늘따라 심기가 불편했다.

평소엔 "찰랑찰랑~♫" 하며 노래하던 강이,
이날은 "쾅쾅쾅!!" 하고 발을 동동 굴렀다.

"이상하다… 물살이 좀… 화난 것 같은데요?"
누치 동생이 눈을 동그랗게 떴다.

"에이, 괜찮아. 물이 좀 찰랑거리면 어때—"
아빠 산천어의 말이 끝나기도 전에,

쾅!!!!

강바닥이 흔들렸다.
순식간에 물살이 뒤집히며 소용돌이가 일었다.

“으아아악!! 내 헤어스타일이!!”
누치 형제가 휘말리며 비명을 질렀다.

“모두 벽 쪽으로 붙어! 아기 송어들 조심해!!”
아빠 산천어의 외침이 메아리쳤다.

그러나 그 순간—
퍽!!

어디선가 거대한 그물망이 폭풍처럼 쏟아져 내려왔다.
순식간에 아빠 산천어를 덮쳤다!

“아빠!!!”
바비의 눈이 번쩍였다.

그물 속의 아빠는 필사적으로 버텼다.
몸을 비틀며 외쳤다. “도망쳐, 바비! 넌… 살아야…!”

"싫어요!! 이번엔 제가 아빠를 구할 거예요!"

순간, 아빠의 눈썹(같은 아가미선)이 파르르 떨렸다.
"뭐라고? 네가… 구한다고?"

"네! 주인공은 이제 저라고요!"
바비는 번개처럼 물살을 가르며 그물로 돌진했다.

"바비, 뒤에 조심해! 저건 인간들이 쓴 초강력 나일론 그물이야!"
누치 형이 외쳤다.

"형, 그게 뭐예요?"
"쉽게 말해… 네 치아로는 턱도 없다는 뜻이지!"
"그럼… 치아 대신 심장으로 찢으면 되죠!"
"뭐라고!?"

바비는 온몸을 던졌다.
잠시 후, 투두두둑!!!
그물 한쪽이 찢어졌다.

거품과 함께 찢긴 틈이 열리자,
아빠 산천어가 다시 숨을 내쉬었다.

그때였다.

누치 형제도 나타났다.

“지원 도착! 초록강 구조대 출동!”

“난 오른쪽 매듭 담당!”

“난 구호 방송 담당! 다들 침착해라아아~!”

세 물고기는 완벽한 팀워크로 움직였다.

누치 형은 몸통으로 그물을 미는 ‘힘 담당’,

바비는 번개처럼 매듭을 끊는 ‘속도 담당’,

누치 동생은 옆에서 “화이팅!”을 외치는 ‘응원 담당’.

결국,

쾅! 툭! 펑!

그물이 찢어지며 아빠 산천어가 해방됐다.

“휴우… 살았다.”

아빠는 헐떡이며 물 위를 바라봤다.

“도대체… 이 무식한 힘은 어디서 나온 거냐, 바비야.”

“아빠 닮아서요!”

"…그건 아닌 것 같은데."
누치 형제가 끼어들었다.

"우리도 좀 칭찬해 주세요.
저희 없었으면 못 빠져나왔잖아요?"

"그래, 너희도 수고했다.
하지만 다음부턴 그물 위에 올라타서 춤추진 말아라."

"아… 그건 약간 흥이 올라서…."

모두 웃음이 터졌다.
한참 뒤, 강이 잠잠해졌다.

바비는 물가에 앉은 아빠에게 다가갔다.
"아빠, 저도… 이제 조금은, 쓸모 있는 물고기가 된 것 같아요."

아빠는 천천히 고개를 끄덕이며 말했다.
"…쓸모 있는 게 아니라, 이젠 네가 나보다 더 믿음직하구나."

바비는 눈을 반짝이며 웃었다.
그의 가슴속에서 따뜻한 물결이 일었다.

황금송어의 희생, 아빠의 용기,
그리고 자신이 흘린 수많은 눈물과 웃음이, 이 순간 한데 모여 찬란히 빛났다.

그날 밤,
누치 형제는 강가에 앉아 이렇게 말했다.

"야, 바비 너 이제, 어른 다 됐다."
"응. 이제 나보다 더 주인공 같아."

"그럼 우리도 이름 좀 바꾸자. 누치 1호, 2호 말고… '버디 & 브라더' 어때?"
"멋있다! 근데 형, 우리도 주인공 되는 회차 없어요?"

"…음, 다음 시즌에 부탁해 보자."

"진짜 어른이 된다는 건,
누군가를 구하기 위해 겁을 이기는 순간이다."

그리고 초록강의 별빛은,
그날 밤 유난히 밝게 빛났다.

제51화.

# 샛강 넘어 작은 인연, 친구를 만나다

산천어 가족이 긴 여정을 이어가던 어느 날,
바비는 문득 물살 속에서 이상한 냄새를 맡았다.

"아빠, 이 냄새… 이상해요."
"어떤 냄새?"
"음… 햇빛에 말린 김치찌개 냄새 같아요."
"그건 인간 냄새야."

아빠 산천어는 한숨을 쉬었다.
"또 인간 구역이군."

샛강은 점점 좁아지고, 물결 위로 알록달록한 무언가들이 보였다.

“저건 뭐죠? 물고기 알인가요?”

“아니, 텐트란다.”

“텐트요? 물속 집이에요?”

“아니… 물 밖의 집이지.”

바비는 눈이 동그래졌나.

‘세상엔 참 이상한 생명체가 많아….’

그때였다.

잔잔한 물결 너머, 발장구를 치며 웃는 한 아이의 모습이 눈에 들어왔다.

바비는 멈춰 섰다.

“…어? 저 아이… 어디서 봤더라?”

그 순간, 아이도 고개를 숙여 물속을 들여다봤다.

두 눈이 딱— 마주쳤다.

"앗!! 산천어다!!"
"어어?? 인간이다!!"

둘 다 동시에 놀라며, 한참 동안 물속과 물 밖에서 서로를 뚫어져라 바라봤다.
그리고 거의 동시에 외쳤다.

"혹시… 너, 그때, 그…."
"그 겨울 축제 때 그 산천어?"

그랬다.
산천어 축제가 열리던 겨울, 얼음 밑에서 자신을 살려줬던 그 아이.

아직도 기억나는 따뜻한 손끝.
차가운 물보다 더 따뜻했던 눈빛.

"진짜 너였구나!"
바비의 비늘이 살짝 반짝였다.

아이는 두 손으로 얼굴을 감싸며 소리쳤다.
"와, 진짜 다시 만나다니! 나, 너 아직도 기억하고 있었어!"

그때, 아빠 산천어가 다가와 작게 중얼거렸다.

"바비… 인간이랑 대화하면 안 된다."

"근데 아빠, 이미 대화 중이에요."

"…아, 그래. 그럼 최소한 존댓말은 써라."

"넵!"

바비는 조심스럽게 물 위로 몸을 기울였다.

"저희 이제 고향으로 가는 중이에요."

"고향? 그 예쁜 산속 마을?"

"맞아요. 제가 태어난 곳이에요."

아이는 눈을 반짝였다.

"와… 꼭 가보고 싶었는데! 다음 겨울엔 나도 거기 갈게.
그땐 낚시 말고… 그냥 놀러 갈 거야."

바비는 피식 웃으며 꼬리를 흔들었다.

"그럼 약속이에요. 다음엔… 친구로 만나요."

바로 그때!

갑자기 바람이 살짝 불며, 아이가 던져 놓은 종이컵 하나가 물 위로 '통통통~' 떠내려왔다.

바비는 반사적으로 피했다.

"앗 미안! 그거 쓰레기 아니야! 그냥… 어… 컵이야!"

"컵이요?"

"응! 인간들이 사용하는 물그릇이야!"

바비는 잠시 생각하더니, 조용히 말했다.

"인간들은… 이상하지만 참 귀엽다."

아빠 산천어가 속삭였다.

"그래, 맞아. 이상하지만… 다정한 존재들이지."

아이는 다시 무릎을 꿇고 손을 내밀었다.

햇살이 손끝에 반짝였다.

바비는 천천히 다가가 그 손끝을 스치듯 지나갔다.

손과 비늘 사이, 닿을 듯 말 듯—

물결이 인사하듯 부서졌다.

"잘 있어, 인간 친구. 다음에 또 보자!"

"응! 조심해서 잘 가, 산천어!"

바비는 꼬리를 흔들며 물살을 따라 올라갔다.

그의 뒤에서 아빠 산천어가 중얼거렸다.

"이 녀석, 인간한테 인사까지 다 하네. 나 때는 그런 거 없었는데…."

누치 형제가 옆에서 킬킬댔다.

"요즘 세대는 글로벌하잖아요, 형님."

강 위로 햇살이 내려앉고,
샛바람이 잔물결을 스쳤다.

아이는 물가에 오래도록 앉아 있었다.
손끝에 남은 산천어의 반짝임을 느끼며, 작게 속삭였다.

"꼭 다시 만나자, 내 물속 친구야."

그리고 그 순간,
바비의 꼬리에서 흩어진 물보라가
햇살 속에서 작은 무지개로 피어올랐다.

"진짜 인연은 깊은 강 아래서 만들어진다.
그리고 그 인연은, 계절이 바뀌어도 반짝인다."

제52화.

# 흐르는 물, 이어지는 마음

"바비야, 뒤 좀 그만 돌아봐. 꼬리 빠지겠다."
아빠 산천어의 말에도 바비는 멈추지 않았다.

벌써 열 번은 넘게 뒤를 돌아본 것 같다.
아이는 여전히 물가에 앉아 있었다.

작은 손을 흔드는 그 손바닥이 햇살을 받아 황금빛으로 반짝였다.
그 손끝이 마치, "다음 시즌에도 꼭 다시 만나!"라고 말하는 것 같았다.

바비의 입가에 미소가 번졌다.

“아빠, 저 아이는 꼭… 초록강 친구들 닮았어요.”

“음… 그렇구나. 초록강 친구들도 떠날 땐 다들 그렇게 손을 흔들었지.”

아빠 산천어가 말끝을 흐리며 웃었다.

“근데 인간은 손으로 흔들고, 우린 꼬리로 흔드니까… 우린 반대 방향이네?”

“그래서 더 멋지잖아요!”

아빠는 잠시 말을 잇지 못했다.

아들 녀석이 가끔 이렇게 뜻밖의 명언을 던질 때마다, 마음 한 구석이 찌르르했다.

샛강을 지나자, 물길은 한층 맑아졌다.

늦가을 빛이 물풀 사이로 들어와,

살금살금 춤을 추듯 흔들렸다.

누치 형제가 옆에서 입을 삐죽였다.

“아니, 이게 무슨 향기야. 물 냄새가 아니라… 꽃향기야.”

"그게 가을 내음이란다, 가을꽃 향기."
아빠 산천어가 말했다.

"가을 내음이요? 그럼 여름 내음은요?"
"풀 내음."

"겨울 내음은요?"
"얼음 내음…."

"얼음 내음요…, 얼음에서도 향기가 나나?"

"…."

그때 바비가 휙 몸을 돌렸다.
"아빠, 저기 봐요! 빨강색 단풍이에요!"

"그건 단풍나무 잎이란다. 바람 따라 흘러왔지."
작은 단풍잎 하나가 물 위에 떨어져 바비의 머리에 살포시 앉았다.

누치 형이 깔깔 웃었다.
"우와, 산천어 왕자님이네~ 가을 패션!"

바비는 쑥스러워하며 말했다.
"이건 왕관이 아니라… 음, 화려한 왕관 같은 이파리예요!"

아빠 산천어는 웃음을 터뜨렸다.
"그래, 너한텐 뭐든 잘 어울려."

한참을 오르던 중, 아빠 산천어가 문득 속삭였다.
"바비야, 우리가 이렇게 누군가에게 기억된다는 건 참 고마운 일이야, 그치."

"맞아요. 저도 그래요.
저 아이가 우리를 잊지 않았으면 좋겠어요."

그 순간,
멀리서 들려오는 숲속 새들의 노래가 강물 위를 타고 흘렀다.

바비는 고개를 들어 하늘을 바라봤다.
"아빠, 들리세요? 가을이 물들고 있어요."

"응, 들린다.
강도 물들고 있고, 나도 물들고 있고… 근데 누치 형제는 뭘 먹고 있냐?"

"아, 이건 연구용이에요!"
"뭘 연구하는데요?"
바비가 물었다.

"단풍잎을 먹을 수 있는지?"
"…결론은?"
"맛없음!"

바비는 깔깔 웃었다.
"이런 게 진짜 가을 풍경이죠, 아빠."

물살이 점점 빨라졌다.
고향까지는 이제 얼마 남지 않았다.

바비는 한 번 더 뒤돌아봤다.
이젠 아이도, 텐트도, 소란한 세상도 보이지 않았다.
그저 부드럽게 흐르는 물과, 그 속의 따뜻한 기억만이 남아 있었다.

"잘 있어, 친구.
너의 손, 나의 지느러미… 우린 같은 물결 위에 있었으니까."

아빠 산천어가 살며시 미소를 지었다.

"바비야, 흐르는 물이 우리를 멀리 데려가도, 마음은 언제나 연결돼 있단다."

그날 저녁,
산천어 가족은 고향 물 내음을 따라 나아갔다.

바비의 꼬리에서 반짝이는 물보라가
노을빛을 받아 작은 무지개를 만들었다.

그리고 그 무지개는,
멀리 있는 그 아이의 눈동자 속에서도, 같이 반짝이고 있었다.

"흐르는 물은 이별을 데려가지만,
마음의 물결은 언제나 서로를 데려온다."

—《초록강 연대기》, 바비의 귀향 中

제53화.

# 함께 흐른 물길,
# 아기 송어들의 고단한 행렬

초록강에서 시작된 여정은 이제,
한 편의 긴 노래처럼 이어지고 있었다.

바비와 아빠 산천어, 그리고 누치 형제가
조용히 흐르는 물길을 따라 나아가고 있었다.

뒤에서는 쉿— 쉿— 하는 작은 물소리가 이어졌다.
꼬마 송어들이 줄줄이— 아니, 거의 행렬을 이루며 따라오고 있었다.

작은 몸들이 흔들흔들, 꼬리들이 통통통.

그야말로 물속 행군 대작전이었다.

노래의 제목은 단 하나, "함께 오르기."

바비와 아빠 산천어, 그리고 누치 형제는 수없이 굽이치는 물살을 지나며, 아기 송어 무리를 이끌고 있었다.

"산천어 형님, 이건 거의 등반이에요. 물속 에베레스트라고요."

누치 형이 헉헉대며 꼬리를 휘저었다.

"이게 다 체력 훈련이지. 강물 피트니스야."

아빠 산천어가 웃었다.

"나는 지금 근육보다 정신력이 아파요."

"그래도 좋잖아, 물이 차서 근육통은 덜하지."

바비는 옆에서 웃으며 말했다.

"아빠, 형님들, 조금만 더요. 저기 물살 위로 빛나는 게 보여요."

그가 가리킨 곳엔, 은빛 물결 사이로, 부드러운 햇살 한 줄기가 새어 들어오고 있었다.

마치 '고향이 이쪽이야'라고 말하는 듯했다.

"참 신기하지 않니, 바비야?" 아빠 산천어가 물살을 가르며 말했다.

"저 아래 초록강에서 만난 친구들이, 다 우리한테 무언가를 남겼잖니."

바비가 고개를 끄덕였다.

"맞아요. 황금송어 님은 용기를, 장군숭어 님은 힘을, 대왕잉어는 의리를…."

"…그리고 굴 사장님은 굴속 숙박업소를, 페페는… 잘피숲과 플랑크톤 김밥을요."

누치 형이 피식 웃었다.

"바비의 기억력 최고!! 근데, 김밥은 아직도 위 속에 남아 있을걸?"

"진작, 소화 다 됐어요."

"하하하."

"초록강은 무섭긴 했지만 좋았던 것 같아요." 바비가 말했다.

"그때는 무서웠는데, 지금은 다 웃을 수 있으니까요."

아빠 산천어가 미소 지었다.

"그래, 그게 흐름이란 거야.

눈물도 흘러가면 결국 웃음이 되지."

뒤쪽에서 꼬마 송어들이 따라오고 있었다. 물살에 휘청거리면서도 결코 포기하지 않았다.

한 마리가 넘어지면, 다른 한 마리가 꼬리로 밀어주었다.

"형님! 저 꼬마들, 진짜 대단하지 않아요?"

"대단하긴 해도… 앞으로 체력이 문제야."

누치가 한숨을 쉬며 말했다.

아빠 산천어는 그들을 향해 외쳤다.

"얘들아! 힘들 땐 서로 밀어줘야 한단다!"

바비가 덧붙였다.

"맞아요! 초록강에서 배웠잖아요! 혼자 가면 빨리 가지만, 함께 가면—"

"늦게 가지!" 누치 형이 외쳤다.

“아니요! 더 멀리 간다고요!”

“아, 그거였지. 헷갈렸네.”

모두가 웃음을 터뜨렸다.
하지만 그 웃음 속에는 뿌듯함이 있었다.

지금 이 행렬은 단순한 귀향이 아니라,
‘기억을 옮기는 여정’이었다.

잠시 뒤, 구름이 몰려왔다.
빗방울이 떨어지며 강 위로 동그란 파문을 만들었다.

바비는 잠시 하늘을 바라봤다.
“아빠, 저 빗소리… 폭우 때랑 닮았어요.”

아빠 산천어가 고개를 끄덕였다.
“그래. 그때 우릴 휩쓸었던 그 폭우 말이지.”

“근데 지금은… 무섭지 않아요.”
“왜?”
“이젠 옆에 가족 모두가 있잖아요.”

누치 동생도 덧붙였다.

"이런 걸 바로 집단 심리적 안정감이라고 하지."

"형, 그건 어려운 말로 포장한 거잖아요."

"그럼 쉽게 말하자. 우리 팀 최고!"

"그건 인정!"

빗줄기 사이로, 물결이 부드럽게 흔들렸다.

그건 마치 초록강이 멀리서 "잘하고 있어." 하고 보내는 격려처럼 들렸다.

이제 마지막 언덕 같은 물살 앞. 아기 송어들이 헉헉대며 멈춰 섰다.

"형… 여긴 너무 물살이 쎄요…!"

"괜찮아, 내가 밀어줄게!"

바비가 꼬리로 한 마리씩 등을 밀었다.

"하나, 둘, 셋!"

"으아아~ 올라간다!"

누치 형도 뒤에서 거들었다.

"밀고! 밀고! 자, 꼬리 파워 3단계!"

"형, 꼬리 근육 나가요!"
"그럼 2단계로!"

아빠 산천어는 조용히 미소 지으며, 뒤에서 나머지 무리를 감쌌다.
그의 눈빛에는 피곤함 대신, 묵직한 자부심이 번졌다.

모두가 서로를 밀어주는 그 순간,
강물은 마치 그들을 축복하듯 반짝였다.

물살이 잦아들자, 드디어 앞이 트였다.
멀리서 투명한 물빛이, 산천어 마을의 향기를 데려오고 있었다.

바비가 숨을 고르며 말했다.
"아빠… 저기, 냄새나요. 고향 냄새 같아요."

아빠 산천어가 천천히 대답했다.
"그래, 오랜만에 느껴지는 냄새구나."

누치 형이 결국 바닥에 털썩 주저앉았다.

"하… 이 정도면 우리 이름 바꿔야 돼. 누치 아니고, 루치(누워 치기)야."

"형, 그래도 고향이잖아요."
"그건 인정. 그래도 다음부턴 하류행 여행만 받는다."

모두가 피식 웃었다.

바비는 조용히 말했다.
"아빠, 형님들, 고마워요. 우리 진짜… 밀리까지 무사히 왔네요."

아빠 산천어가 대답했다.
"그래, 바비야. 강은 혼자 흘러도, 물결은 항상 누군가와 이어지는 거야."

그들은 초록강의 기억을 등에 지고, 고향의 물결을 향해 나아갔다.
강물은 흘렀고, 마음은 이어졌다.

결국 모든 흐름은 하나의 바다로 모이듯,
그들의 여정도 하나의 사랑으로 모여들었다.

제54화.

# 샛강에서 연어 떼를 만나다

산천어 가족은 오늘도 "고향행 물살 열차"를 타고 힘차게 헤엄쳤다.

길은 점점 좁아지고, 물살은 부드러워졌다.

바비가 고개를 내밀며 말했다.

"아빠, 이 길이 맞아요? 너무 조용한데요."

"쉿, 조용히 해. 이럴 땐 조용할수록 뭔가 나온단다."

"뭐가요?"

"삶… 아니면 물총새… 아니면 인생의 시련?"

"헉, 세 번째가 제일 무섭네요."

그 순간이었다.

앞쪽에서 물살이 출렁이더니, 번쩍번쩍 은빛 비늘이 쏟아져 들어왔다!

"와아아— 뭐야 이 반짝이들은!"

누치 형제가 소리쳤다.

수백, 수천 마리의 연어 떼가 마치 댄스 대회 하듯 반짝이며 몰려왔다.

그 광경은 그야말로 물속의 축제였다.

"어머나, 이 귀여운 물고기들은 누구지?"

연어 무리 맨 앞의 눈이 반짝이는 연어가 미소 지으며 다가왔다.

"산천어 아기들 같네! 그런데 여긴 왜 왔을까?"

바비가 꼬리를 꼿꼿이 세우고 말했다.

"저희는 고향으로 가는 중이에요! 산천어 마을이요!"

"고향이라니, 세상에나!"
"고향이 어디쯤이니?"

"화천 계곡이에요."
"저희는 초록강에서 출발해서 여기까지 왔어요."

"초록강이라… 아, 이름부터가 예쁘다.
나는 북쪽 바다에서 왔단다. 내 이름은 눈맑은 연어."

"눈맑은 연어 님, 바다는 어때요?"
"짭짤하지."
"에이, 그건 알아요. 더 자세히요!"
"음… 넓고, 시끄럽고, 멋있고, 가끔 상어가 싸가지 없게 굴지."

바비는 눈을 동그랗게 떴다.
"상어요?! 그건… 만화 속에서만 나오는 줄 알았는데요."

"아니야, 현실판은 더 무례해."

두 물고기는 피식 웃었다.

이야기를 나누는 사이,

연어 떼는 거대한 은빛 물결처럼 흐르며 장관을 이뤘다.

바비는 감탄을 금치 못했다.
"이야… 이렇게 멋진 행진은 처음 봐요.
혹시 축제라도 하는 건가요?"

눈맑은 연어가 미소 지었다.
"축제라면 축제지. 우리도 고향으로 가는 중이야. 그곳에서 새로운 생명을 낳으려고."

그 말에 바비의 꼬리가 멈췄다.
'새로운 생명을 낳는다고요…?'

그 단어는 왠지 모르게 바비의 가슴 깊은 곳을 울렸다.
"그래서 다들 이렇게 힘차게 헤엄치는 거군요."

"응, 바닷물 냄새를 지우고, 기억을 찾아가는 길이야."

바비는 아빠를 힐끔 봤다.

그때 아빠 산천어가 고개를 끄덕였다.
"그래, 연어는 돌아오는 생명이지. 우린 다 흘러가지만, 마음은 다시 만난단다."

그때!
갑자기 위쪽에서 "휘익—!" 소리가 들렸다.

눈맑은 연어가 외쳤다.
"물수리다! 모두 아래로!!"

순식간에 연어 떼가 흩어졌다.
바비도 누치들과 함께 아기 송어들을 데리고, 바위 밑으로 숨었다.

그사이 한 마리 연어가 물수리 발톱에 잡혀,
하늘로 날아올랐다.

바비는 숨을 죽이며 속삭였다.
"우리 가족들은… 괜찮을까요?"

눈맑은 연어는 조용히 말했다.
"그래도 그 친구는, 고향의 하늘로 간 거야."

잠시 후, 물살은 다시 잔잔해졌다.

아빠 산천어는 아기 송어들을 하나하나 확인했다.

눈맑은 연어가 다가왔다.
"다친 곳 없지? 겁먹지 말고, 계속 나아가야 해.
고향은 늘 힘든 길 끝에 있단다."

바비가 고개를 숙였다.
"눈맑은 연어 님은 정말 강하시네요."

"아니야. 무서워도 가는 게 용기지.
그래야 생명이 이어지거든."

잠시 후, 샛강은 두 갈래로 나뉘었다.
연어들은 바닥이 자갈로 깔린 좁은 길로, 산천어 가족은 넓은 계곡 물길로 나아갔다.

"눈맑은 연어 님, 우리 또 만날 수 있을까요?"
바비의 목소리가 떨렸다.

연어는 미소 지으며 대답했다.
"글쎄… 물길이 다르니, 아마 어렵겠지….
하지만 마음은 같은 방향으로 흐르고 있을 거야."

바비는 눈물이 고인 채 꼬리를 흔들었다.
"고마웠어요! 잊지 않을게요!"

"그래, 바비. 무사히 도착하길."
눈맑은 연어는 고개를 홱 돌려 헤엄쳐 갔다.

그 눈가에는 살짝 눈물이 맺혀 있었다.
바비에게 들키고 싶지 않아서였다.

아빠 산천어가 바비 옆으로 다가왔다.
"바비야, 세상엔 말없이 강한 존재들이 있단다."

"네… 저도 이제 조금은 알 것 같아요."

그날, 샛강의 물결은 한없이 잔잔했다.
연어 떼는 생명의 길로, 산천어 가족은 기억의 길로 나아갔다.

멀리서 가을 햇살이 강물 위에 반짝였다.
그 빛은 두 길을 하나로 이어주는 다리 같았다.

"모든 생명은 각자의 물길을 따라간다.
하지만 그 마음의 바다는, 결국 하나로 이어진다."

제55화.

# 바비가 강물에게 배운 것

밤이었다.

산천어 마을 위로 달빛이 부드럽게 내리고 있었다.

물결 위로 반사된 은빛 조각들이 바위틈을 따라 흔들리며,

마치 누군가의 오래된 이야기처럼 강 위를 흘러가고 있었다.

산천어 가족은 오늘도 긴 하루를 보낸 후, 조용히 잠들어 있었다.

아빠 산천어는 "흠… 으으음…." 하며 지느러미를 파닥이다 그대로 옆으로 누웠다.

그의 옆에는 꼬마 송어들이 포개져 있었다.

한 녀석은 꿈속에서도 꼬리를 흔들었고, 또 한 녀석은 잠꼬대 중이었다.

"이건 내가 먼저 잡은 물지렁이야… 흑흑… 내 거야…."
"형, 그건 꿈이잖아요…."
"쉿, 꿈속에서는 다 현실이야…."

누치 형제는 오늘도 시끄럽게 잠을 잤다.
하지만 그런 소란도 이 밤의 고요를 깨뜨릴 순 없었다.

바비는 홀로 깨어 있었다.
눈동자는 별빛을 담은 듯 반짝이고, 작은 가슴은 달빛의 리듬에 맞춰 천천히 오르내렸다.

그는 고개를 들어 하늘을 바라봤다.
수면 위에 떠있는 달이 마치 또 하나의 세상 같았다.
그 속에서 별들이 반짝이며 말을 거는 듯했다.

"저 별들도… 언젠가 강을 따라 흘렀을까?"
바비는 혼잣말로 중얼거렸다.

"별이 낚시한다고?"

옆에서 졸던 누치 형이 잠결에 중얼거렸다.

바비는 피식 웃었다.
"아니요, 형. 낚시는 아니고요… 그냥 생각이요."
"생각? 생각은 먹는 거야?"
"아니요. 흘러가는 거예요."

"으으음… 그럼 난 배불러…."
누치 형은 그렇게 말하곤 코를 골았다.

바비는 천천히 눈을 감았다.
그의 머릿속에는 초록강의 기억이 잔잔하게 밀려왔다.

페페, 굴 사장의 우렁찬 목소리.
붕깡두의 어설픈 허세.
황금송어의 따뜻한 미소.
그리고 장군숭어의 우직한 등.

그 모든 장면이 물살처럼 지나가며,
바비의 가슴 속에서 하나의 강을 만들고 있었다.

"강물은 나를 데려간 게 아니라…

나를 만나게 해준 거였어."

그 말이 입 밖으로 새어 나왔다.
그리고 마치 대답하듯, 강물이 출렁였다.

물결이 살짝 바비의 지느러미를 스쳤다.
그 차가움 속에서 바비는 따뜻함을 느꼈다.

마치 강물 자체가 그를 다독이며 말하는 듯했다.
"바비야, 흐름은 언제나 네 안에도 있단다."

그 순간,
바비는 깨달았다. 강물은 단순한 길이 아니라 자신의 스승이었음을.

초록강의 물살 속에서 그는 두려움을 배웠고,
그 두려움 속에서 용기를 배웠다.

강물은 그에게 가르쳤다.
"흐름이 멈추면 썩지만, 흐르는 생명은 다시 살아난다."

바비는 그제야 미소 지었다.

"그래, 강물은 나의 친구였고… 나의 선생님이었어."

그때 옆에서 아빠 산천어가 잠꼬대를 했다.
"흐름은 좋지… 하지만 내 허리도 좀 흘려줬으면…."

바비는 피식 웃었다.
"아빠는 자면서도 개그하셔."

물 위로 달빛이 부서지고,
그 빛은 바비의 비늘에 소용히 스며들었다.

이제 그는 알았다.
강물은 그를 어디론가 끌고 간 게 아니라,
그 안에서 진짜 자신을 만나게 해준 친구였다는 걸.

그날 밤,
바비는 강물에게, 인생에게, 그리고 자신에게 조용히 인사했다.

"고마워, 강물아.
넌 나를 데려간 게 아니라, 나를 성장시켜 준 거야."

달빛이 부서지는 물결 위로

한 마리 어린 산천어가, 이제는 어른이 된 미소를 지으며 흘러가고 있었다.

“강물은 스승이자 친구였다.
그 흐름이 있었기에, 바비의 오늘이 있었다.”

제56화.

# 검은 불곰의 공격

"바스락— 쿵! 바스락— 쿵!"

숲이 마치 북소리를 치듯 울려 퍼졌다.

한 덩치 하는 검은 불곰이 등장한 것이다.

그의 몸은 거대한 콩자반 통만 했고,

그 한 걸음에 지렁이 열 마리가 진동하며 도망쳤다.

"하암… 오늘은 뭘 먹어볼까나. 송어? 연어?

아니면… 다이어트?"

불곰은 배를 툭툭 치며 중얼거렸다.

그러고는 코를 킁킁대며 강가로 다가섰다.

그리고 그가 본 것은—

강물 위로 반짝이는 은빛 물고기 행렬!

"오호라~ 이게 다 뭐야? 수산시장이 출장 나왔네?"

불곰의 눈이 번쩍였다.

"이 중에 살 좀 오른 놈이 하나쯤 있겠지."

하지만 곰의 표정이 곧 미묘하게 바뀌었다.

앞줄의 물고기들은 너무 작았다.

"음… 애송이잖아. 한 입 거리도 안 되겠는데."

그는 잠시 고민했다.

'그래도 굶을 순 없지….'

그때 불곰의 귀에 들려온 건, 강가에서 들려온 작은 음성의 대화였다.

"이제 조금만 더 가면 고향이에요, 아빠!"

물속에서 들려오는 바비의 목소리였다.

불곰은 고개를 갸웃했다.

"고향이라니… 뭐야, 생방송 감동 드라마야?"

그는 그 모습을 잠시 바라보다가, 이상하게도 마음이 흔들렸다.

'아니, 이 녀석들… 울면서도 헤엄치네. 아기들 데리고 저 물살을 거슬러….'

갑자기 배속에선 꼬르륵— 소리가 났다.

"으… 감동은 감동이고, 배는 고프다."

곰이 조심스레 앞발을 내밀려는 그 순간,

숲 위에서 부엉이 한 마리가

"부엉~ 부엉~" 하고 울었다.

그건 경고의 울음이었다.

수리부엉이였다.

밤의 제왕, 숲의 감시자. 그는 나뭇가지 위에서 이 모든 상황을 내려다보고 있었다.

'저 불곰 녀석, 또 시작이군. 이번엔 물고기 가족이라니.

이 숲의 수준도 많이 떨어졌어.'

그 순간, 다른 그림자 하나가 풀숲을 스쳤다.
매끈한 몸매, 번뜩이는 눈.

살쾡이였다.
그는 미소를 지으며 속삭였다. "하하, 이번엔 내가 먼저다."

하지만 그는 몰랐다.
자신의 머리 위에서 부엉이가 이미, "관람 모드 ON" 하고 있었다는 걸.

셋은 동시에 눈치 싸움을 시작했다.
불곰은 굶주린 눈빛, 살쾡이는 교활한 미소,
부엉이는 "얘네 둘 다 유치하다."는 표정이었다.

물속에선 여전히 평화로웠다.
바비는 꼬리를 흔들며 동생들을 챙기고 있었고, 아빠 산천어는 물살을 읽으며 조심스럽게 이동 중이었다.

그들은 몰랐다.
위에서는 다큐멘터리급 탐색전이 벌어지고 있었다는 걸.

그때였다.

"퐁당!!"

물속에서 무언가 튀어 올랐다. 불곰은 깜짝 놀라서 뒷걸음질 쳤다.

"웬 놈이야?!"

그건 바로, 어른 송어였다.

무지갯빛 비늘이 번쩍이며 외쳤다.

"지금이다! 모두 물살을 타!"

바비가 놀라 외쳤다.

"아빠! 저건…!"

"지금이야! 모두 강 위쪽으로!"

누치 형제가 몸을 돌려 아기 송어들을 밀어주었고,

바비는 꼬리를 힘껏 흔들며 동생들을 이끌었다.

물은 순간 폭발하듯 소용돌이쳤다.

불곰의 앞발이 물속으로 파고들었지만—

텅!

그의 손에는 아무것도 걸리지 않았다.

물결이 잦아든 후,
숲은 다시 고요해졌다.

불곰은 한참을 바라보다가
"쳇, 오늘도 라면이구먼…." 하며 돌아섰다.

살쾡이는 풀숲에서 몸을 털고는, "역시 나는 생선을 별로 안 좋아해."
그렇게 말하곤 슬그머니 사라졌다.

그리고 부엉이는, 나뭇가지를 툭 치며 중얼거렸다.
"결국 이번 라운드도 강물이 이겼군."

그날 밤, 아무도 사냥에 성공하지 못했지만, 숲속엔 이상한 평화가 흘렀다.
바비와 산천어 가족은 살아남은 기쁨을 잠시 나누며, 물살 위로 조용히 떠올랐다.

아빠 산천어는 하늘을 바라보며 말했다.
"그래, 세상은 무섭지만… 가끔은 우리 편인 것 같구나."

바비는 웃으며 대답했다.

"그럼요 아빠. 강물도, 별도, 부엉이도… 오늘은 다 우리 편이었잖아요!"

아빠 산천어가 피식 웃었다.
"그래, 그러니까 내일은 네가 아침 순찰이다."

"에?! 왜요?!"
"어른이 된다는 건 말이지… 당번표에 이름이 오른다는 뜻이야."

그날 밤, 숲의 포식자들은 한 끼를 놓쳤지만, 산천어 가족은 '하루를 더 산다'는 선물을 얻었다. 그리고 그 선물은, 어떤 포식자보다 강했다.

제57화.

# 길고 험한 여정 : 아기 송어들 지쳐 쓰러지다

길고 험한 여정이었다.

세 번째 폭포를 넘고 나자, 물살은 차가워지고 바람은 거칠었다.

바비는 뒤를 돌아보며 외쳤다.

"조금만 더 가면 따뜻한 물소리 들리는 구간이야! 거기서 쉬면 돼!"

하지만 대답 대신 들려온 건,

"쏴아아아…." 하는 힘없는 물소리뿐이었다.

아기 송어 한 마리가 갑자기 꼬리를 접으며 외쳤다.

"혀엉… 저 이제, 더 이상 못 가겠어요!"

곁의 또 다른 송어도 힘없이 누워버렸다.

"저도요… 꼬리에서 스파크 나요…."

"난 꼬리보다 심장이 피곤해요…."

아빠 산천어가 깜짝 놀라며 다가왔다.

"얘들아, 왜 누워 있니?"

"힘들어서 더 못 가겠어요…."

"조금만 더 힘내면 고향이야."

"고향보다 지금 쉬고 싶어요…."

누치 형제가 황급히 달려왔다.

"무슨 일이야?"

"형, 얘네 단체로 파업이에요."

"뭐? 여긴 노동조합도 없는데?"

"지금 생겼어요. 아기 송어 노동조합."

"위원장은 누구야?"

"얘요."

아기 송어 하나가 손을 들었다.
"저요! 요구 사항은 '10분 휴식 + 물벌레 간식!'이에요!"

"형, 이거 협상 들어가야 하나요?"
"응. 우리는 물살의 중재자잖아."

바비가 난감한 얼굴로 말했다.
"얘들아… 진짜 조금만 더 가면 산천어 마을이야.
거긴 맑은 물, 따뜻한 모래, 향긋한 풀냄새가…."

"그거 나중에요… 지금은 꼬리 감각이 마비됐어요."

"형, 얘네 꼬리 파업이에요."
"그럼 어쩌죠?"
"방법은 하나지. 동기 부여!"

누치 형이 물풀 위로 올라섰다.
"자, 주목! 여러분, 들리십니까!"

"조용히 해, 꼬리 아파요…."

"지금 여러분은 역사적인 여정의 한복판에 있습니다!

초록강을 떠나, 물살을 넘어, 이제 고향으로 향하는 길!"

"근데 왜 이렇게 고난이 많아요…."

"고난은 스토리의 핵심이에요!
여러분이 지금 포기하면, '전설의 송어 대서사시'는 절반짜리가 됩니다!"

누치 동생이 덧붙였다.
"그리고 도착하면 뭐가 있냐면— 짜잔! '산천어 마을 웰컴 디너'!!"

"진짜요?"
"응, 물벼룩 튀김, 이끼 샐러드, 모래 알탕까지 풀코스야!"

"우와…."
"물론 내가 요리사는 아니야."
"그럼 누가 해요?"

"자연이 해줘."
"…그게 무슨 뜻이에요?"

"바비가 설명해 줄 거야."

"형, 말 돌리지 마요."

아빠 산천어는 웃음을 터뜨렸다.

"그래, 다들 힘들겠지만 조금만 더 가자.
강물은 멈추면 썩는다. 흐르면서 새 생명이 피어나지."

그 말에 바비가 고개를 끄덕였다.

"아빠 말 맞아요. 그리고 황금송어 님도 말씀하셨잖아요.
'흐름은 언제나 너희를 다시 집으로 데려갈 거다.'"

그 순간—
물살 속에서 희미한 빛이 피어올랐다.

별조개에서 나온 황금빛 물방울이
아기 송어들의 머리 위로 떨어졌다.

"저건… 별조개의 마법!"
바비가 놀라며 외쳤다.

빛이 닿자, 피로했던 꼬리들이 천천히 움직이기 시작했다.
아기 송어들이 눈을 반짝였다.

"형, 저 이제 좀 가벼워요!"

"저도요! 꼬리 회복 완료!"
누치 형이 감탄했다.
"이야, 이게 진짜 PDRN보다 빠르네."

"그게 뭐예요?"

"초록강 피부관리 협회 비밀성분."
"형, 말이 너무 현대직이에요."

아빠 산천어가 미소 지었다.
"그래, 그 빛은 힘든 자를 위해 흐름이 보내준 선물이란다."

"그럼 이제 다시 출발할까요?"

"그래, 우리 꼬리 근육 리프팅 완료!"
"좋아, 꼬리 회전 속도 3단 가동!"

그들은 다시 일어섰다.
힘들었던 꼬리들이 물결을 가르고, 아기 송어들의 눈에는 희미한 자신감이 번졌다.

누치 동생이 웃으며 외쳤다.
"자, 우리 아기 송어 노동조합 해산하겠습니다!"

"회의록 남겨요!"

"그건 내일 써요!"

바비가 뒤에서 외쳤다.
"얘들아, 봐 봐! 저기 멀리 산 위로 안개 피어오르는 거 보이지?
저게 바로 산천어 마을의 물길이야!"

"진짜요?"
"응, 거의 다 왔어."

그 순간, 물살이 조금 더 세졌지만
이번엔 아무도 멈추지 않았다.

모두가 꼬리를 흔들며 소리쳤다.
"고향이다! 산천어 마을이다!"
"꼬리 파워 최대출력!!"

"누치 형, 이제 속도 좀 줄여요!"

"안 돼! 난 지금 스포츠 모드야!!"

그날, 강물은 다시 웃었다.

지쳐서 멈췄던 꼬리들은 빛을 얻고,
두려웠던 마음은 희망으로 물들었다.

그리고 바비는 알았다.

"흐름은 힘이 아니라, 서로를 믿는 마음으로 이어진다는 걸."

제58화.

# 함께 아파하며, 다시 일어서는 마음

초록강을 떠난 지 6개월째,

바비와 아빠 산천어, 그리고 누치 형제는 먼 거리를 따라오느라 지쳐 있는 아기 송어 무리들을 보살피고 있었다.

길은 생각보다 험했다.

물살은 차가웠고, 돌 틈마다 바람이 불었다.

"형, 이게 그냥 여행이 아니라 인생이네…."

누치 형이 한숨을 쉬자, 동생이 툭 쳤다.

"형, 인생은 원래 '업스트림'이래.

물살 따라 상류로, 상류로 올라가는 거."

"그럼 넌 인생 철학자냐?"
"아니, 수류학자."
"뭐래…."

바비가 뒤에서 웃었다.
"형들, 힘내요! 고향까지 이제 폭포 세 개만 넘으면 돼요!"

"폭포 세 개?! 하나만 해도 허리 나가는데!!"
"형, 이게 바로 강한 허리의 기회야!"

그런데 그때였다.
뒤쪽에서 "콜록콜록…." 하는 소리가 났다.

바비가 돌아보니, 꼬마 송어 하나가 몸을 웅크리고 있었다.
"아가야, 어디 아프니?"

"조금… 춥고, 숨이 차요…."

곁의 또 다른 아기 송어도 힘없이 말했다.
"저도요… 꼬리가 너무 무거워요…."

바비의 얼굴이 하얗게 질렸다.

"아빠! 아이들이 많이 지쳤나 봐요!"

아빠 산천어가 서둘러 다가와 물살을 가렸다.

"바비야, 여기서 좀 더 쉬어가도록 하자. 이 돌 틈은 따뜻해서 좋구나."

누치 형제가 재빨리 움직였다.

"형, 바위 돌 밑에 따뜻한 자리 있어! 그쪽에서 쉬게 하자!"

"오케이, 수송 시작!"

그들은 아기 송어들을 조심스레 등에 업고, 바위틈 사이로 옮겼다.

"형, 조심해요. 꼬리 닿았어요!"

"나도 사람이다! 아니, 물고기다!"

"형, 애들이 웃어요."

"웃음은 면역력이지."

누치 동생이 입을 삐죽였다.

"형, 우리 초록강 때 쓰던 민간요법 써볼까?"

"그거, 풀즙 바르는 거?"

"응, 그때 굴 사장님이 팔던 거."
"그거 약 아니고 화장품이었잖아!"
"그래도 광택 효과는 있었잖아요."
"지금은 뷰티가 문제가 아니야!!"

아빠 산천어가 단호히 말했다.
"자, 모두 조용히. 일단 물 온도를 유지하자. 그리고 숨을 고르게 해줘야 해."

바비는 꼬리를 부드럽게 흔들며, 아기 송이들의 옆에 물결을 일으켰다.
"괜찮아… 조금만 참자. 목적지에 곧 도착할 거야."

그의 눈동자에는 눈물이 맺혔다.
그건 단순한 피곤함이 아니라, 책임감이란 이름의 눈물이었다.

밤이 되자, 물살은 느려졌고, 달빛이 강 위로 길게 퍼졌다.

모두 잠든 사이, 바비는 홀로 앉아 있었다. 그의 곁으로 누치 형제가 다가왔다.
"왜 그렇게 멍하니 있어, 꼬마 리더?"

"형… 나 좀 무서워요."

"무섭다고?"

"혹시… 이 아이들이 끝까지 따라오지 못하고, 포기하면 어쩌죠? 초록강을 떠난 지 얼마 되지 않아서 그런 적이 있었는데…."

누치 형이 잠시 물 위를 바라봤다.

"바비야, 물고기한테 중요한 건, 끝까지 헤엄치는 게 아니라, 누구랑 헤엄쳤느냐래."

"그건 또 어디서 들었어요?"

"황금송어 님이 말했잖아. '흐름은 혼자가 아니라 함께일 때 강이 된다'고."

바비는 잠시 눈을 감았다.

황금송어의 목소리가 들려오는 듯했다.

"바비야, 너는 이제 길잡이다.

흐름이 험하더라도, 희망은 네 꼬리에서 피어난단다."

"그래요… 그럼, 다시 헤엄쳐야죠." 바비는 작게 중얼거렸다.
"이 아이들은 제 책임이에요."

이튿날 새벽.
물안개가 피어오르는 가운데, 아기 송어들이 천천히 눈을 떴다.
"바비 형… 저 이제 괜찮아요."

"정말이야? 다행이다!"

누치 동생이 눈을 비볐다.
"야, 이제 출발해도 되겠네."

누치 형이 코웃음을 쳤다.
"그래도 서두르면 안 돼.
산천어의 길은 마라톤이지, 단거리 아냐."

"형, 그 말 멋있어요."
"그치? 사실 어제 생각했어."
"역시 자기 자랑 빠르네요."

아빠 산천어가 미소 지었다.
"좋다. 그럼 오늘부터 천천히 다시 오르자. 우리의 강이 기다리고 있단다."

그 순간, 햇살이 물 위에 내려앉았다.
비늘마다 반짝이며, 물결이 노래를 부르기 시작했다.

바비는 마지막으로 뒤를 돌아봤다.
초록강은 이제 먼 거리에서 흐르고 있었다.

그곳엔 여전히 페페, 장군숭어, 굴 사장…
그리고 황금송어의 따뜻한 기억이 있었다.

그는 마음속으로 속삭였다.
"저희, 약속 지킬게요. 이 아이들을 꼭 고향까지 데려갈게요."

그 말에 누치 형이 툭 하고 말했다.
"이제 네가 진짜 산천어 리더다."
"리더되기 힘겹네요."
"그럼 도와줄게."
"어떻게요?"
"지금처럼."
"형, 진심으로 고마워요."
"고맙다고 하지 마.

나중에 도토리 수프 한 그릇 사면 돼."

모두 웃었다.

웃음은 피곤함을 덜어주고, 물은 다시 길을 열었다.

"그날, 강은 흐름보다 더 깊은 무언가를 가르쳐 주었다.

용기란 멈추지 않는 것이 아니라,

함께 아파하며 다시 일어서는 마음이었다."

제59화.

# 바비 가족의 물속 긴급 대책 회의

햇살이 물결 위로 부서지고, 물풀 사이로 잔거품이 둥실둥실 떠올랐다.

바비 일행은 산천어 마을로 향한 여정 거의 막바지에서 멈춰 섰다.

강은 깊어지고, 물살은 거세졌으며—

무엇보다 배고픔과 피로, 그리고 꼬리 통증이 절정을 찍고 있었다.

"자, 다들 여기로 모여라! 아빠 산천어가 꼬리로 바위를 '탕탕' 치며 말했다.

"지금부터 긴급 대책 회의를 시작한다."

"회의요?"

바비가 눈을 동그랗게 뜨자, 누치 형제가 동시에 말했다.

"응, 이름하여 '고향 복귀 생존 프로젝트 회의!'"

"좋아요! 근데 왜 생존이 붙었죠?"

"살아 돌아가야 하잖아."

아빠 산천어가 회의 시작을 알렸다.

"첫 번째 안건, 바비와 나, 그리고 누치 형제들의 체력 문제다.

아기 송어들을 산천어 마을까지 이끌고 가려면, 무엇보다 리더들의 체력이 튼튼해야 한다.

자, 다들 꼬리 상태 보고!"

누치 형은 꼬리를 들었다.

"이건 근육통."

누치 동생은 울상이다.

"이건 꼬리 쥐."

바비는 씩 웃었다.

"저는 괜찮아요! 아직 젊으니까요!"

누치 형이 한숨을 쉬었다.

"아휴, 젊은 놈의 꼬리는 말만 젊지…."

"형, 꼬리 나이 어떻게 재요?"

"아침에 일어날 때 소리 나면 노화야."

"형은 꼬리에서 '뚜둑' 하잖아요."

"그건 기능성 꼬리야!"

아빠 산천어가 웃음을 참으며 말했다.

"좋다. 그럼 꼬리 스트레칭 5분씩 실시!"

"저… 물속에서요?"

"응. 건강은 물 위에서도 필요하니까."

"아빠, 이거 무슨 수영복 CF 같아요."

누치 동생이 손(지느러미)을 들었다.

"두 번째 안건은 식량입니다! 저희, 미끼 재고 없습니다!"

"그건 네가 다 먹었잖아."
"아니, 품질 검사였어요!"
"그럼 네 배가 창고냐?"
"저장용이라고요!"

바비가 나섰다.
"그럼 우리가 직접 잡아요! 협동 어획 작전!"

누치 형이 팔짱을 꼈다.
"흠… 좋은 생각인데, 협동은 보통 내가 일하고 네가 먹는 거잖아."

"이번엔 제가 할게요!"
"진짜?"
"네! (단, 맛없는 건 형이 먹어요.)"
"이놈 봐라, 리더 맞네."

아빠 산천어는 웃음을 터뜨렸다.
"좋아, 작전명은 '물풀 뒤집기'!
다 함께 바위틈을 뒤져서 미끼를 확보한다!"

그들은 일사불란하게 움직였다. 하지만 누치 형이 갑자기 소리쳤다.

"형님! 여기 진짜 큰 거 잡았어요!"

"뭔데?!"

"…내 꼬리였어요."

"내 꼬리 좀 놔!!"

식사 후, 모두 바위 위에 누워 숨을 돌렸다.

아기 송어 몇 마리는 바비의 꼬리 아래에서 낮잠 중이었다.

누치 형이 말했다.

"자, 세 번째 안건은 정신 건강이다."

"형, 무슨 심리 상담소 열었어요?"

"아니, 마음 관리가 중요하다고.
요즘 바비 얼굴에 그늘이 보여."

"그늘 아니에요. 그건 수면반사광이에요."

"아냐. 그건 걱정광이야."

"걱정광은 또 뭐예요…."

누치 동생이 또 끼어들었다.

“형, 그럼 상담은 무료인가요?”

“유료야. 한 번 상담에 물벼룩 세 마리.”

“비싸요!”

“난 자격증 있어!”

“무슨 자격증요?”

“초록강 힐링 서클 ‘수심 3단’.”

“그거 동호회잖아요.”

“…그래도 명패는 있단다.”

바비가 피식 웃었다.

“형들 덕분에 웃었어요. 괜히 걱정 많았는데, 이제 괜찮아요.”

“그래, 웃는 게 최고 약이지.”

“근데 형, 약 냄새 나요.”

“그건 내가 민물 고추 먹어서 그래.”

“헉, 형 또 실험했어요?”

“나는 언제나 실험 중이야.”

아빠 산천어가 엄숙하게 말했다.

“좋아. 이제 마지막 안건이다. 우리의 목표는 ‘모두 무사히 산천어 마을 도착!’ 단, 방법은 각자 제시하라.”

누치 형이 먼저 말했다.

"제 생각엔 체력 안배를 위해 하루 한 폭포씩 오르는 게 좋습니다."

"좋은데, 형 그럼 언제 도착해요?"

"한 3년 뒤?"

"형, 그건 순례야."

누치 동생이 끼어들었다.

"전 다이렉트 코스 제안합니다! 폭포는 점프! 회류는 터보 헤엄!"

"그럼 중간에 꼬리 빠질걸?"

"그래도 스릴 있잖아요!"

마지막으로 바비가 말했다.

"저는요… 그냥 흘러가는 대로 가요. 강이 우리에게 길을 알려줄 거예요."

그 말에 모두 조용해졌다.

아빠 산천어가 고개를 끄덕였다.

“그래. 산천어의 길은 원래 물길과 마음이 함께 가는 법이지.”

누치 형도 미소 지었다.
“그래… 물이 지도라면, 우리 꼬리는 나침반이네.”

그 순간, 멀리서 물안개가 피어올랐다.
마치 황금빛 비늘처럼 반짝이는 빛 하나가 그들 앞을 비췄다.

바비가 속삭였다.
“아빠… 저거, 황금송어 님이 남긴 별조개예요.”

“그래. 우릴 보고 계신거다.”

누치 동생이 말했다.
“그럼 이제… 회의 끝이고, 출발이죠?”

“그래!” 아빠 산천어가 힘차게 외쳤다.
“목표는 하나—모두 함께 도착!”

“구호 외쳐요!”

“좋아, 하나 둘 셋—”

“산천어 파이팅! 꼬리 근육 파워 업!”

물 위로 거품이 터지며
그들의 웃음이 강물에 번져갔다.

“그날, 강물은 조금 더 따뜻했다.
바비와 아빠, 그리고 누치 형제의 유쾌한 대책 회의는 피곤한 여정 속에서도 희망을 불어넣는 한 줄기 물살이었다.”

제60화.

# 황금송어와의 약속

맑은 계곡물을 따라 천천히 올라가는 산천어 무리.

그 앞에는 아빠 산천어가, 뒤에는 바비와 누치 형제, 그리고 중간에는 반짝이는 황금빛 송어 새끼들이 있었다.

바비가 속삭였다.

“아빠, 이 아이들은 진짜 반짝거려요. 물빛도, 비늘도, 심지어 재채기할 때도 반짝!”

“쉿, 조용히. 그건 황금송어의 유산이란다.”

“유산이요? …세금을 내야 하나요?”

“그건 유산 상속세고.”

“아, 그럼 이건… 마음의 상속세네요.”

아빠 산천어는 피식 웃었다.

물고기의 세계에도, 유머는 살아 있었다. 그의 가슴속엔 오래된 약속이 있었다.

“무슨 일이 있어도 아이들을 고향으로 데려가 줘요.”

그건 황금송어의 마지막 부탁이었다. 그녀의 목소리는 여전히 아빠 산천어의 귓속에서 맴돌았다.

그녀는 초록강을 지키기 위해 남았고,

그의 가족은 그 사랑을 이어받아 지금도 흐르고 있었다.

‘약속은… 아직 끝나지 않았다.’

아빠 산천어는 그 생각만으로도 등지느러미가 단단해졌다.

아직 물살이 험하고, 길은 멀었다. 하지만 그는 알았다.

“사랑은 말로 하는 게 아니라는 것을.”

황금송어의 새끼들은 이제 꽤 컸다.

그들의 몸에는 은빛과 황금빛이 섞여 있었고, 가끔은 물 위에서 햇살이 비추면 작은 무지개가 피어났다.

"아빠, 이 아이들 색깔이 다 달라요."

"그래. 어떤 건 무지갯빛, 어떤 건 금빛, 어떤 건… 어? 저건 약간 고등어 빛인데?"

"고등어요?"

"응. 살짝 회색빛이 나서 그래. 하지만 괜찮아. 빛깔이 다르다고 마음이 다른 건 아니니까."

바비는 고개를 끄덕였다.

"황금송어가 그랬죠. 진짜 예쁨은 겉이 아니라 흐름 속에 있다고."

"그래, 그게 황금송어의 지혜였지."

한참을 올라온 무리는 잠시 휴식을 취했다.

아이들이 돌 틈 사이에 숨어 쉬는 동안, 아빠 산천어는 조용히 하늘을 올려다보았다.

그의 머릿속에 황금송어의 얼굴이 떠올랐다. 그녀가 마지막으로 말했던 그 표정 그대로였다.

'당신은 아이들이 고향까지 데려다줘야 해요.

꼭… 그곳엔 아이들이 살아갈 터전이 있겠죠.'

그는 입가에 미소를 지었다.
"그래, 당신 약속… 지키고 있어."

바비가 다가와 물었다.
"아빠, 무슨 생각을 그렇게 골똘히 해요?"
"아니야, 그냥… 옛 친구 생각 좀 했지."
"혹시 황금송어 님?"
"응."

"황금송어 님, 어디에선가 우리를 생각하고 있겠죠?"
"그렇겠지. 아마도 '아이고, 저 산천어들 또 길 헤매고 있네' 하면서 웃고 있을 거야."

바비는 껄껄 웃었다.
"그래도 이번엔 제대로 길을 찾았잖아요!"

"그래, 이번엔 네가 앞장서고 있잖아."
바비는 고개를 들었다.

별빛이 강물에 내려앉고 있었다.

그 빛 속엔 무언가 따뜻한 게 느껴졌다.

마치 누군가 "잘하고 있어요." 하고 말해주는 듯했다.

아빠 산천어는 속삭였다.
"황금송어야, 당신이 남긴 아이들, 내가 잘 지키고 있어. 그리고 바비도… 당신을 닮아 점점 강해지고 있고."

그는 다시 물살을 향해 몸을 돌렸다.
"자, 모두 출발이다! 고향까지는 아직 세 개의 폭포와 다섯 번의 숨 참고 헤엄이 남았다!"

아기 송이들은 "에에— 또요?" 하며 투덜거렸지만, 바비는 씩 웃었다.
"가자 얘들아! 이건 모험이야. 엄마가 좋아할 스타일이잖아."

그날 밤, 강물은 조용히 흐르며 하늘의 별빛을 품었다.
누구도 그들의 여정을 보지 못했지만, 분명히 알고 있었다.
어딘가에서 누군가가 미소 짓고 있었다는 걸.

"약속은 끝이 아니라,
누군가의 마음속에서 계속 헤엄치는 것."

제61화.

# 별조개의 노래

바비는 밤하늘을 올려다보았다.

별빛이 강 위에 반사되어, 마치 수많은 조개껍질이 반짝이는 것처럼 보였다.

그는 살며시 목에 걸린 작은 조개껍질을 만졌다.

그건 오래전 황금송어 님이 남긴 선물이자, "언젠가 네가 진짜 산천어가 될 때, 이 별조개는 깨어날 거야."라며 전해준 마법의 별조개였다.

갑자기 물 색깔이 탁해졌고, 바닥의 자갈과 모래가 희미하게 빛을 잃고, 수초가 시들고 있었다.

바비가 조용히 속삭였다. “이건… 초록강의 상처가 여기까지 따라온 건가. 강물이 갑자기 왜 그러지?”

누치 형제가 다가왔다.
“형님, 물살이 이상해졌어요.”

아빠 산천어도 걱정했다.
“어쩌지? 이대로면 새끼 송어들이 또다시 힘들어할 텐데.”

바비는 잠시 눈을 감았다.
어디선가 황금송어의 음성이 조용히 들려왔다.

“별조개는 빛으로 흐름을 정화한다.
하지만 그 빛은 네 마음이 진실할 때만 깨어나지.”

“진심….”
바비는 천천히 별조개를 들어 올렸다.

그 순간, 달빛이 강 위를 비추었고,
별조개는 마치 답이라도 하듯 희미하게 빛났다.

“누치 형! 애들과 함께, 잠깐 뒤로 물러서요!”

바비의 목소리는 단단했다.

누치 형제와 꼬마 송어들이 뒤로 물러나자, 바비는 별조개를 치켜들고, 강 한가운데로 나아갔다.

그의 비늘이 달빛을 받아 반짝였고,
별조개는 물 위로 천천히 떠올랐다.

그 안에서 미세한 소리가 났다—
마치, 오래된 조개가 세상의 숨을 쉬는 듯한 노래였다.

"이건… 노래?"
바비가 속삭였다.

그러자 조개껍질이 열리며 금빛 파동이 물 위로 퍼져나갔다.
물결은 마치 심장처럼 맥박치기 시작했다.

"빛이… 물을 살리고 있어!"
누치가 놀라 외쳤다.

별조개에서 쏟아진 금빛이 강의 바닥을 비추자, 물빛이 다시 투명해지고, 힘없던 수초들이 다시 살아나고, 물풀 사이에서 작은 새우들이 고개를 내밀었다.

누치 형제들은 감탄하며 중얼거렸다.
“이건… 별조개의 마법이다.”

별조개에서 퍼져나온 빛은 강의 낮은 곳에서부터, 가장 깊은 곳까지 고루 비추며 흘렀다.
강물에 남아 있던 탁한 기운과 어둠은 서서히 사라졌다.

회미하던 모래는 다시 반짝였고, 강물은 푸른 숨을 내쉬었다.
물결 위로 별조개의 빛이 한층 강해졌다.

그 빛 속에서 또다시 황금송어의 목소리가 들려왔다.
“바비야, 넌 이제 진짜 산천어가 되었구나.
흐름을 거슬러 오른 자가 아니라, 흐름을 이해한 자로서.”

바비의 눈가에 눈물이 맺혔다.
“황금송어 님… 저 혼자서는 아무것도 못 해요.”

“그렇지 않다. 강물은 혼자 흐르지 않는다.
네가 흘렀을 때, 친구들도 함께 흐르고 있었단다.”

그 말과 함께 별조개는 조용히 빛을 가라앉혔다.
하지만 강은 여전히 반짝이고 있었다.

그건 마법의 빛이 아니라,
새롭게 태어난 생명의 빛이었다.

해가 떠올랐다.
바비는 조용히 별조개를 가슴에 품었다.
별조개는 이제 작은 흰빛을 머금은 채, 그저 평범한 조개껍질처럼 보였다.

"다시 잠들었나 봐."
누치 형이 말했다.

바비는 웃었다.
"괜찮아요. 마법은 꺼진 게 아니니까.
이제 강 자체가 별이 된 거예요."

아기 송어들이 물 위에서 뛰놀았다.
그들의 꼬리가 햇살을 받아 반짝였다.
그건 마치 작은 별들이 물 위를 헤엄치는 것 같았다.

바비는 하늘을 올려다보았다.

그곳엔 여전히 황금빛 별 하나가 있었다.

그가 조용히 중얼거렸다.

“황금송어 님, 당신이 지켜준 별빛은 이제 제 안에서, 그리고 이 강 안에서 계속 빛날 거예요.”

“별조개의 마법은 빛이 아니었다.

그것은 용기와 사랑의 기억, 그리고 흐름을 믿는 마음이었다.”

제62화.

# 웃음과 물보라가 뒤섞인 꼬마 송어들의 대이동

아빠 산천어가 미소 지었다.
"그래도 참 기특하지 않니, 바비야?
누가 뭐래도, 네가 희망의 물살을 만들고 있는 거야."

하지만 여정은 쉽지 않았다.
곧 깊은 웅덩이 구간이 나타났고, 물살은 생각보다 훨씬 세찼다.

"형님, 이 구간은 급류입니다."
누치 형이 심각한 표정으로 말했다.

"급류요? 그럼… 쉬운 말로 하면?"

"컨베이어 벨트의 반대 방향."
"그럼… 좀 힘들겠네요."
"좀? 넌 앞으로 꼬리 빠질 준비나 해라."

꼬마 송어들이 우르르 웅덩이에 들어서더니, 물살에 휙휙 밀리며 소리를 질렀다.
"으아악! 나 뒤로 간다!"

"아냐, 나도 뒤로 가는데 앞이야!"
"형~ 꼬리 엉켰이요오오오!"

바비가 급히 외쳤다.
"진정해! 침착하게, 꼬리 각도 45도 유지!"

"45도요? 그게 뭔데요?"
"그냥 느낌으로!"

그때, 누치 형이 재빠르게 앞으로 나섰다.
"자, 초록강식 구조 작전이다! 내 꼬리를 잡고 줄 서!"

"네에!"
순식간에 꼬마 송어 열댓 마리가 누치 꼬리에 줄줄이 매달렸다.

마치 물속 청소기처럼 줄이 길게 늘어섰다.

"좋아, 하나둘! 하나둘!"

"형, 숨차요오오오!"

"그건 정상이다! 이게 수영이야, 명상 아니야!"

아빠 산천어가 웃음을 터뜨렸다.

"누치야, 이 장면 꼭 기록해야겠다. 초록강 수영 학교 제1기!"

"하하, 등록금은 물풀 두 포기입니다!"

결국 모두 웅덩이를 넘었고,

꼬마 송어들은 한 덩어리로 모여서 헐떡였다.

"형… 산천어는… 체력이… 왜 이리 좋은 거예요…."

"그게 바로… 유전자의 힘이지."

"전… 유전자가 약한가 봐요…."

"아니, 넌 아직 '유치원자'야."

"그게 뭐예요?"

"모르겠어, 그냥 말해봤어."

모두가 깔깔 웃었다.

물풀 사이에서 잎사귀가 흔들리고, 새우 한 마리가 다가와 말했다.

"커피라도 한 잔 드릴까요?"
"새우 씨, 우리 커피 마시면 헤엄 못 쳐요."
"그럼 플랑크톤 라테요."
"…괜찮아요, 그냥 물 마실게요."

잠시 휴식 후, 아빠 산천어가 조용히 말했다.
"얘들아, 다들 힘들지? 조금만 더 가면 산천어 마을이야."

바비가 꼬마 송어들에게 말했다.
"그래, 조금만 더!

힘들 땐 아빠가 늘 말했지.
'흐름을 거슬러야 진짜 강이 보인다!'"
그 말에 꼬마 송어들이 힘을 냈다.

"흐름을! 거슬러라!"
"힘들면 꼬리로 웃어라!"
"누치 형은 숨 쉬고 있나!"

"응… 잠깐만… 산소 좀 보충…."

웃음과 물보라가 뒤섞인 대이동.

그들의 행렬은 마치 하나의 물결처럼, 강을 따라 이어지고 있었다.

해가 기울며 강 위로 노을이 내리자,

꼬마 송어들의 비늘이 노을빛에 반짝였다. 그 반짝임은 마치 작은 별들의 행진 같았다.

바비는 그 모습을 보고 중얼거렸다.

"아빠, 보이세요? 이 꼬마 송어들이 우리보다 훨씬 멋지죠."

아빠 산천어가 미소 지었다.

"그래, 저 아이들이 바로 우리 강의 내일이지."

누치 형이 덧붙였다.

"그리고 내일이면 난 허리 삔다."

"형, 감동 망쳤어요."

"그래도 웃겼잖아."

"그건 인정."

모두가 웃으며 헤엄쳤다.
그 웃음소리가 물살에 실려, 멀리 초록강의 하늘까지 닿았다.

"흐르는 물엔 힘이 있다.
하지만 진짜 힘은, 서로를 밀어주는 마음에서 흐른다."

제63화.

# 고향으로 이어지는 물의 길

강물은 오늘따라 유난히 고요했다.
햇살이 강 위에 부서지고, 물결이 은빛 실처럼 이어졌다.

그 흐름을 따라 바비와 아기 송어 무리, 그리고 누치 형제는 천천히 위로 향하고 있었다.

"형, 강폭이 점점 좁아지는 것 같아요."

"그래. 그게 바로 고향이 가까워졌다는 뜻이지."
누치 형이 웃으며 말했다.
"큰 강은 세상의 길이고, 좁은 물줄기는 마음의 길이란다."

"그게 무슨 뜻이에요?"
"음… 커다란 강은 수많은 생명이 함께 흐르는 세상 같고,
샛강은 우리가 돌아가야 할 기억 같은 거야."

"형, 갑자기 철학자 다 됐네요."

"어쩔 수 없지. 물살이 얕아지면 생각이 깊어지는 법이야."

물살은 점점 느려졌다.
초록강의 넓은 품을 벗어나자, 주변의 풍경도 조금씩 달라졌다.

강둑에는 갈대 대신 물억새가 자라고,
바위틈마다 고요한 이끼가 숨 쉬고 있었다.

물결은 더 얕고 맑아졌으며,
발밑의 자갈이 하나하나 보일 만큼 투명했다.

멀리서 들려오던 바람 소리도 잦아들고,
대신 새들의 노래와 계곡물의 속삭임이 귓가를 채웠다.

"봐요, 형! 물이 진짜 투명해요!"
아기 송어가 몸을 돌며 말했다.

"이 정도면 고기들 속마음까지 다 보이겠는데?"
"그럼 거짓말은 못 하겠네요."
"으… 물이 너무 정직하다."

길은 점점 더 좁고, 깊어졌다.
물줄기가 바위 사이로 비집고 흘렀고,
때로는 고요히 멈췄다가, 다시 세차게 솟구쳤다.

물과 바위는 싸우는 듯, 그러나 오래된 친구처럼 닮아 있었다.
바위는 흘러가는 물을 막지 않았고, 물은 바위를 밀치지 않았다.
그저 서로를 닦고, 다듬으며 길을 만들었다.

꼬마 송어가 외쳤다.
"형아! 바위가 웃고 있어요!"

"응, 바위는 흐름을 오래 본 친구거든."
바비가 부드럽게 말했다.

"그래서 무섭게 보여도, 마음은 아주 따뜻해."

이윽고 물살은 하나의 갈림길로 향했다.
하나는 여전히 넓고 완만했지만, 다른 하나는 좁고 가팔랐다.

"저 길로 가면 산천어 마을이야."

바비가 말했다.

그 물길은 마치 실처럼 가늘었지만,

그 안엔 강보다 더 깊은 생명이 숨 쉬고 있었다.

"저 계곡은 너무 좁은 것 같아요…."

"그래도 가야 해. 그건… 우리 몸이 기억하고 있는 길이니까."

물살은 점점 차가워졌다.

계곡의 공기엔 솔향기와 젖은 흙냄새가 섞여 있었다.

머리 위로는 산새들이 날아올랐고,

바람이 계곡 벽을 타고 흘렀다.

"아빠, 이제 진짜 산속이네요."

"그래. 여긴 인간의 발소리 대신, 물의 노래가 울리는 곳이야."

밤이 내릴 무렵, 바비는 하늘을 올려다보았다.

달빛이 계곡물에 닿아, 마치 별이 물속에서 반짝이는 듯했다.

"이 물길이 바로 엄마가 오르던 길이겠죠…?"

"그렇겠지." 아빠가 대답했다.
"그리고 오늘은 네가 그 길을 잇는 날이야."

바비는 천천히 미소를 지었다.
"그럼 우리 모두… 별빛이 된 거네요."

"별빛? 왜?"
"물은 하늘을 비추니까요."

바비의 말에 아빠는 한참을 멈추더니 고개를 끄덕였다.
"흐음… 인정. 철학자는 너로 교체."

모두가 웃었다.

물결도, 바람도, 별빛도—
그 웃음을 따라 함께 흔들렸다.

"큰 강이 세상을 품고, 작은 강이 마음을 품는다.
그리고 그 마음이 모여, 산천어의 고향이 된다."

제64화.

# 가을빛이 내려앉은 작은 개울가

늦가을 풍경은 아름다웠다.

하늘은 쨍하고, 공기는 맑고, 강가엔 도토리 냄새가 진하게 퍼졌다.

줄무늬다람쥐는 바쁘게 도토리를 입에 문 채 뛰어다녔다.

“하나, 둘, 셋… 아흑! 또 굴러갔잖아!” 그가 굴러간 도토리를 쫓아가던 바로 그때—

찰랑, 찰랑—

개울물 위에서 무지갯빛 물결이 반짝였다.

다람쥐는 멈춰 섰다. 꼬리가 삐죽 세워졌다.

"저, 저건… 설마…." 눈이 동그랗게 커졌다. "아니야, 아니겠지. 세상에 그런 기적이 두 번 있을 리가…."

하지만 그건 기적이었다.

물결 사이로 반짝이며 다가오는 건, 바로 산천어 바비였다.

"바비?! 정말 너야?!"

다람쥐는 두 앞발로 볼을 덮고 감탄했다.

"아니 세상에, 살아 있었구나! 돌아왔구나!"

바비는 물살을 가르며 고개를 들었다.

햇살 아래서 비늘이 번쩍였다.

"다람쥐 형! 진짜 오랜만이에요!"

"형이라니, 내가 너보다 세 살 반 위잖아! 아, 됐고…!"

다람쥐는 울컥하며 꼬리를 부풀렸다.

그 둘은 잠시 아무 말도 하지 않았다. 그저 바라만 보았다.

물 위의 무지갯빛과 나뭇잎 사이로 떨어지는 가을 햇살. 그리고… 다시 만났다는 사실 하나만으로도 충분했다.

“그날 네가 떠내려가던 모습… 아직도 생생해.” 다람쥐가 말했다.

“매일 나뭇잎 띄워서 기도했어. ‘바비가 무사히 돌아오게 해주세요’ 하고.”

바비는 조용히 웃었다.

“그 덕분에… 진짜 돌아왔어요.”

“정말?”

“네. 산도, 물도, 마음도… 잊지 않으면 다 다시 만나게 된다잖아요.”

그 말에 다람쥐는 눈가를 훔쳤다.

“이 녀석… 언제 이렇게 철이 들었대…. 예전엔 나뭇잎만 봐도 놀라던 애가.”

바비는 머쓱하게 웃었다.

“그래도 아직… 나뭇잎은 좀 무서워요.”

"야, 그건 낙엽이야. 괜찮아."

둘은 동시에 웃었다.
그 웃음이 물결에 닿자, 개울도 조용히 반짝였다.
가을 햇살 아래, 세상은 잠시 멈춘 듯 평화로웠다.

제65화.

# 산천어 마을로 이어지는 숲길과 계곡

줄무늬다람쥐는 더는 참을 수 없었다.

"산천어 가족이 돌아왔다아아아아아!!!"

그는 그대로 풀숲으로 뛰어들었다.

"살아 있었어어어!!! 무지개 꼬리들이 돌아왔어!!!"

그의 외침은 계곡을 타고 메아리쳤다.

놀란 노루가 하품을 하다 입을 다물고,

"따다다닥, 따다다다다닥." 연신 나무를 찍던 딱따구리가 동작을 멈추고는 얼굴을 내밀었다.

"누가 왔다고?"
"산천어 가족이래!"

도토리를 까던 다람쥐들이 일제히 멈췄다.
"그 전설의 바비?"
"그 용감했던 꼬리?! 진짜로??"

줄무늬다람쥐는 두 발로 서서 외쳤다.
"그렇다!! 초록강에서 살아 돌아온 무지갯빛 용사, 바비와 아빠 산천어가 돌아왔다!!"

그의 외침은 바람에 실려 계곡 전체로 퍼졌다.
물가에 살던 작은 송사리들은 팔딱팔딱 뛰었고,
붕어는 "으흠흠, 나도 예전엔 그 친구랑 안면 있었지." 하며 뿌듯해했다.

멀리서 그 소리를 들은 바비가 미소를 지었다.
"아빠, 다람쥐 형이 또 소문내고 있네요."
"그러게 말이다. 저 목청은 여전하군."
"이번엔 진짜 전국 뉴스 타겠어요."

아빠 산천어가 웃으며 고개를 끄덕였다.

"괜찮다. 이건 축하받을 만한 귀환이지."

곧 산천어 마을로 이어지는 숲길엔,
수백 마리의 작은 물고기와 동물 친구들이 모여들었다.

다람쥐, 딱따구리, 족제비, 노루, 청설모, 심지어 지나가던 까치까지— 모두가 환호했다.

"바비가 돌아왔다!"
"산천어 가족이 돌아왔다!"

그날, 산천어 마을로 이어지는 숲속엔
오랜만에 진짜 웃음과 물결 소리로 가득 찼다.

줄무늬다람쥐는 하늘을 향해 손을 모았다.
"하늘이 도우셨어요. 드디어 우리가 기다리던 날이 왔어요."

그때, 하늘 한 편에서, 하얀 구름이 황금빛으로 물들며 천천히 흘러갔다.
그건 마치, 어디선가 황금송어가 미소 짓는 듯한 모습이었다.

"기적은 멀리 있지 않았다. 기억하는 마음이, 곧 기적이었다."

제66화.

# 기다림이란, 마음이 놓지 않은 사랑의 믿음이다

산천어 마을의 시간은 느리게 흘렀다.

폭우가 지나간 지 어느덧 두 해.

한때 바위가 무너지고 나무가 쓰러졌던 계곡은, 이젠 새 물길을 만들어 다시 흐르고 있었다.

아이 산천어들은 웅덩이에서 꼬리를 흔들며 장난쳤고, 개구리는 그 옆에서 "꾸꾸억~" 노래했다.

새싹이 자라나고, 바위틈에도 수초가 피어났다. 모든 것이 제자리를 찾고 있었다.

단 한 마리만 빼고—

엄마 산천어.

그녀는 여전히 계곡의 얕은 모래밭에 머물러 있었다.

오늘도 꼬리 끝이 조금도 움직이지 않았다.

"오늘도 나오셨네…." 지나가던 버들치가 수초 잎을 씹으며 중얼거렸다.

"하루도 안 빠지고 나오셔. 진짜 지극 정성이셔…."

곁에 있던 모래무지가 끄덕였다.

"성성스럽긴 해도, 슬프잖아."

"그래도 그게 사랑이지."

"근데… 진짜 돌아올까?"

"쉿! 들리겠어!"

엄마 산천어의 귀에는 이미 다 들리고 있었다. 그녀는 빙긋이 미소를 지으며 말했다.

"그래, 들려. 근데 괜찮아. 사랑은 '언제 올까'보다 '올 거야'가 더 중요하거든."

버들치는 멋쩍게 입을 다물었다. 그는 물결을 보며 작게 말했다.

"역시 엄마 마음은 깊어…."

엄마 산천어는 하늘을 올려다봤다. 가을빛이 강물 위로 내려앉아 반짝였다.

그 빛 속에서, 그녀는 매일같이 두 마리의 그림자를 그려보곤 했다.

'아빠 산천어… 그리고 바비.'

"지금쯤 어디에서 무얼 하고 있을까."

그녀는 그날을 잊지 못했다.

거센 폭우, 끊어진 물길, 그리고 마지막으로 본 바비의 작은 꼬리.

그때부터 그는 하루도 빠짐없이 그 자리를 지켰다.

어느 날 아침, 청설모가 지나가다 물었다.

"아직도 기다리세요?"

"응."

"2년도 넘었잖아요."

"바비가 돌아올 때까지 기다려야지."

"왜요?"

"기다리다 보면… 기다림이 나를 키우더라고."

“와… 근데 진짜 대단하시다.
저는 도토리도 하루 이상은 못 기다려요.”

“그래서 넌 늘 굴러다니는 거야.”

“어… 네?”

청설모는 멋쩍게 웃고,
엄마 산천어는 ‘피식’ 미소 지었다.

그날 오후, 물 위로 노을이 깔렸다.
물결은 금빛으로 물들고, 엄마 산천어의 눈동자에도 그 빛이 반사되었다.

그녀는 조용히 속삭였다.
“바비야… 아빠랑 꼭 돌아와야 해. 나는 여기서 기다릴게. 언제까지라도.”

바람이 잔잔하게 불었다.
수면 위에 떨어진 나뭇잎이 천천히 흘러갔다.

동료 산천어가 다가와 조심스레 물었다.

"혹시… 그게 답장일까요?"

엄마 산천어는 미소를 지었다.
"그래. 바람은… 늘 답을 들고 오니까."

밤이 찾아오자, 별빛이 계곡을 비췄다.
엄마 산천어는 여전히 그 자리에 있었다.

하지만 그날따라 물결이 조금 달랐다.
조용한 파동이 멀리서부터 밀려왔다. 은빛 비늘이 스치듯 반짝였다.

그녀는 눈을 가늘게 뜨며 속삭였다.
"…이건, 어쩌면 좋은 일이 다가오는 신호일지도 몰라."

멀리서 들려오는 물소리— 찰랑, 찰랑.
그건 마치 누군가의 발걸음 같았다.

아주 오래 기다린,
너무나 그리운, 그 목소리가 불러오는 듯한 소리였다.

"기다림이란, 마음이 놓지 않은 사랑의 믿음이었다."

제67화.

# 드디어 마지막 폭포 아래 도달하다

“저 소리… 들려요?”

바비가 꼬리를 멈추었다.

멀리서 들려오는 굉음— 콰아아아아아아—!

그 소리는 마치 하늘이 갈라지는 듯했고, 동시에 가슴이 터질 듯 반가운 울림이었다.

아빠 산천어의 눈빛이 떨렸다.

“…폭포다. 그 폭포야.”

그의 목소리는 물살처럼 떨리고, 눈가엔 작은 물방울이 맺혔다. 그건 단순한 물이 아니라, 돌아오는 길의 눈물이었다.

바비는 숨을 삼켰다.
바로 저 폭포—

그 폭우 속에서, 그는 아빠의 등에 매달려 초록강으로 떠밀려 갔었다.
모든 희망이 무너졌던 그 시작점.

하지만 지금은 다르다.
절망의 시작이 아니라, 기적의 끝이었다.

폭포 아래는 흰 안개가 자욱했다.
물보라가 하늘로 솟구치고, 돌 위마다 물방울이 반짝였다.
그 주위를 둘러싼 강물엔 수많은 물고기가 모여 있었다.

"아, 또 그 시즌이 왔군."
폭포 아래 얼룩동사리가 지느러미를 풀며 말했다.

"이번에도 반 이상은 떨어지겠지…."
참쉬리가 턱을 괴며 심드렁하게 대꾸했다.

하지만 산천어 가족은 달랐다.
그들의 눈빛엔 피로 대신 빛이 있었다.

길었던 여정, 수많은 위험, 눈물, 웃음—
모든 게 이 한순간을 향해 흘러왔던 것이다.

아빠 산천어가 천천히 입을 열었다.
"얘들아… 바로 저 폭포 위쪽이 우리 고향이야!"

그의 목소리가 물살 위로 울려 퍼졌다.
"저 폭포만 넘으면— 산천어 마을이 기다리고 있어!"

"와아아아아—!!"

아기 송어들이 일제히 꼬리를 흔들며 환호했다.
물보라가 그들의 함성에 반응하듯 더 크게 부서졌다.

누치 형제가 옆에서 팔짱을 꼈다.
"좋아, 이제부터는 체력전이다! 꼬리지느러미, 전투 준비 완료!"

"형, 체력은 이미 바닥인데요!"
"그럼 정신력으로 버텨라! 정신이 강하면 꼬리도 춤춘다!"

"형, 꼬리는 근육이에요."
"그럼 근육에 정신을 주입하자!"
"…그게 가능해요?"
"안 하면 끝나는 거지 뭐!"

모두가 웃었다.
그 웃음은 피로를 밀어내고, 두려움을 지워냈다.

바비는 아빠 옆으로 다가와 물었다.
"아빠, 우리… 정말 해낼 수 있을까요?"

아빠 산천어는 조용히 바비의 머리를 쓰다듬었다.
"할 수 있지. 왜냐면— 우리는 산천어니까."

"그게… 근거인가요?"
"그게 바로 산천어의 논리야."
"설득력 제로네요."
"그래도 웃었잖아."

바비는 피식 웃었다.
웃음이 터지자 물살이 한결 따뜻하게 느껴졌다.

하늘에는 커다란 보름달이 떠 있었다.

달빛이 폭포수에 부딪혀 부서지고, 온 세상이 황금빛으로 물들었다.

별빛은 강물 위에 떨어져 반짝였다.

그 빛은 마치 오래전 황금송어가 흘려보낸 인사처럼 느껴졌다.

"보름달… 아빠, 저거 황금송어 님이 보내신 거 아닐까요?"

바비의 말에 아빠는 고개를 끄덕였다.

"그래. 우리 흐름이 틀리지 않았단 걸 알려주는 신호야."

누치가 감동적인 분위기를 망치지 않고는 못 배겼다.

"형, 나 갑자기 눈물 나."

"그래? 감동받았어?"

"아니요, 폭포 물이 눈에 들어갔어요."

"…."

"그나저나 꼬리 좀 풀어줘요. 나 경련 나요."

"버텨! 지금 이 순간이 영화의 클라이맥스야!"

"형, 근데 우린 배우가 아니라 생선이에요."

"그래도 생선 중에 주인공이지!"

아빠 산천어는 물살을 바라보았다.
그의 시선엔 수많은 기억이 스쳐 갔다.

초록강의 밤, 잘피숲의 바람, 황금송어의 미소,
그리고— 바비가 처음으로 '아빠'라고 불렀던 날.

그는 작게 중얼거렸다.
"이 길을 견딘 건, 흐름을 믿었기 때문이야…."

바비가 조용히 물었다.
"아빠, 무서워요?"
"조금은."
"근데 왜 웃어요?"
"무섭다는 건 아직 살아 있다는 증거니까."
"그 말, 좀 멋있어요."
"원래 아빠는 마지막엔 멋있게 떠나는 법이지."

"그럼 아직 떠나지 말아요."
"…그래. 아직은 아니다."

바람이 불었다.
폭포 아래의 물안개가 달빛을 머금고 흔들렸다.
그 순간, 마치 누군가 속삭이는 듯한 물소리가 들렸다.

"어서 와, 작은 물결아.
너는 긴 흐름을 견디고 돌아온 아이란다."

바비는 눈을 감았다.
그 소리는 강의 목소리이자, 어쩌면 아빠의 마음이었다.

제68화.

# 아기 송어들, 폭포 오르기 특별훈련

"좋아, 얘들아! 오늘은 역사적인 날이다!"
아빠 산천어가 물살 위에서 꼬리를 쫙 펴며 외쳤다.

그의 목소리가 폭포 아래의 물안개 속을 울렸다.

"저 위가 바로 우리 고향, 산천어 마을이야!
하지만 그냥 가면 안 되지! 여긴 시험장이야!"

"단 한 마리의 낙오자 없이, 모두가 반드시 폭포를 넘어야 한다!"

아이들 눈이 동그래졌다.

"시험이요…?"

"불합격하면요?"
"떨어지면요?"
"물속으로요!"

누치 형이 잽싸게 끼어들었다.
"그래도 걱정 마라! 떨어지는 것도 경험이야.
나는 한 번 떨어져서 인생이 달라졌거든!"

"어떻게 달라졌는데요?"
"턱이 휘었지."
"그건 좋은 변화 아니잖아요."
"하하하! 물고기 인생은 원래 상처가 매력이지!"

아빠 산천어는 폭포 아래, 중앙에 있는 바위 위로 올라섰다.
"좋다! 지금부터 이곳은 산천어 학교다!"

바비가 나섰다.
"저는 오늘의 임시 교감 바비입니다.
그리고 옆에 계신 분은… 누치 형, 체육 담당 선생님."

"선생님이라 불러라! 난 물살학 박사야!"
"형, 그거 자칭이잖아요."
"그래도 멋있잖아."

아이들이 킥킥 웃었다.

아빠 산천어가 꼬리를 탁 치며 말을 이었다.
"좋아, 첫 번째 수업은 '물살 읽기'다!
폭포 밑의 물살은 적이 아니야.
너희를 밀어줄 친구란 걸 알아야 한다!"

"그럼, 친구처럼 대해줘요?"
"그래, 존댓말로 '물님'이라 부르면 좋아하지."
아이들이 "물님~!" 하고 외치자
물살이 장난스럽게 요동쳤다.

"보이지? 반응하잖아.
그게 바로 강물의 마음이야."

"자, 그럼 시범 간다!"
아빠 산천어가 꼬리를 내리쳤다.

콰아아아—!
순간 물보라가 폭발했다.

그의 몸이 활처럼 휘어지며 하늘로 솟았다. 빛나는 비늘이 햇살을 받아 무지개처럼 흩날렸다.

“우와아아아!!!”
아이들이 함성을 질렀다.

그는 폭포 중간에서 잠시 멈췄다가,
힘차게 꼬리를 다시 쳤다.

쏴악—!
물살을 뚫고 올라가다, 일부러 다시 내려왔다.

“보았지? 떨어지는 게 실패가 아니야.
다시 오르기 위한 준비일 뿐이지!”

바비가 미소 지었다.
“역시 아빠답네요.”

“그래, 산천어의 삶은 리허설이 아니라 본공연이란다.”

"자, 이제 내가 보여줄게요!"
바비가 앞으로 나섰다.

"형, 조심해요!"
"걱정 마. 초록강에서 단련된 몸이야."

그는 꼬리를 단단히 모았다.
"하나… 둘… 셋!"

쏴아아아—!!
작은 몸이 물살을 가르며 솟구쳤다.
물방울이 터지고, 바비의 비늘이 별빛처럼 반짝였다.

그는 폭포 중턱까지 오르다 잠시 미끄러졌다.
"아앗—!"

하지만 바로 꼬리를 쳐 다시 올랐다.
"와, 저거 봐요! 형이… 물 위를 달려요!!"

"바비 형, 날아간다아아!"
아이들의 눈동자에 희망이 반짝였다.

바비는 폭포 끝 바위에 도착하자 크게 외쳤다.
"얘들아! 할 수 있어! 폭포는 높지만, 마음은 더 높으니까!"

"좋다, 이제 너희 차례야!"
아빠 산천어의 외침에
아기 송어들이 서로 눈치를 봤다.

"저부터요!"
꼬마 '물콩이'가 나섰다.
"그래, 물콩이! 힘내라!"

쏴악—!
작은 몸이 용감하게 물살을 뚫었다.

"간다아아!! …으아악!!"
곧장 미끄러져 폭포 아래로 떨어졌다.

"괜찮아요?"
"괜찮아요! 물이… 코로 들어갔어요! 근데 시원해요!!"

모두가 폭소를 터뜨렸다.
"다음은 '또링이'!"

"싫어요! 물콩이 떨어졌잖아요!"
"그래서 네가 성공하면 더 멋지잖아."

"진짜요?"
"그래, 역사책에 남을 거야."
"그럼… 도전!!"

쏴악—!
또링이는 중간까지 오르다 다시 떨어졌다.
"으앙— 근데 재밌어요!"

누치 형이 감격한 듯 말했다.
"이것이 바로 산천어의 DNA다! 넘어져도 웃을 줄 아는 유전자!"

아빠 산천어는 아이들을 바라보며 말했다.
"얘들아, 기억해라. 산천어는 강을 거슬러 오르지만, 마음은 언제나 강과 함께 흐른다."

바비가 덧붙였다.
"네가 물을 믿으면, 물도 널 믿게 돼."

어느덧, 밤이 찾아왔다.

폭포 아래 달빛이 쏟아지고, 아이들은 서로의 지느러미에 기대 잠들었다.

누치 형이 조용히 말했다.
"형님, 오늘 애들 진짜 잘했어요."

아빠 산천어가 미소 지었다.
"그래. 내일이면 저 폭포 위에서 새 노래가 시작될 거야."

"그럼⋯ 오늘은 프롤로그네요."

"그래, 내일은—
우리 모두의 귀향이자, 산천어의 노래가 완성되는 날이지."

"산천어의 용기는, 물살을 이기는 힘이 아니라, 서로의 마음을 믿는 믿음에서 태어난다."

제69화.

# 폭포를 뛰어넘다

콰아아아—!!

폭포수는 하늘에서 쏟아지는 은빛 괴물 같았다.

온 세상이 하얗게 부서지고, 물안개가 햇살에 무지갯빛으로 피어올랐다.

그 폭포 아래,

아빠 산천어가 길게 숨을 들이쉬었다.

“얘들아.” 그의 목소리가 물살을 가르며 울렸다.

“저 폭포만 넘으면… 산천어 마을이야.”

아이들은 숨을 삼켰다.

"우리가 살 집이요…?"

"그래. 진짜 산천어 마을. 네 엄마, 친구들, 그리고 우리가 떠나왔던 그곳."

그의 눈빛엔 눈물이 번졌지만, 그건 피로의 눈물이 아니라 약속의 빛이었다.

"힘들겠지만, 이건 우리가 꼭 넘어서야 할 마지막 관문이야. 절대, 포기하지 마. 무서워도 괜찮아. 용기는 두려움이 없을 때 생기는 게 아니라, 두려워도 움직일 때 생기는 거야."

바비가 옆에서 작게 웃었다.

"또 명언이에요, 아빠."

"산천어는 원래 철학적이지."

"그건 아빠만 그래요."

"그래서 내가 아빠지."

아이들의 입가에 웃음이 번졌다.

그 웃음이 물보라를 타고 번져갔다.

아빠 산천어는 물살을 바라보며 말했다.

"자, 누가 먼저 해볼래?"

잠시 침묵.

그러다—
작은 황금빛 아기 송어가 앞으로 나섰다.
"제가 먼저 해볼게요." 그의 목소리는 떨렸지만, 눈빛만은 단단했다.

"좋아.
몸을 낮추고, 꼬리를 최대한 뒤로!
힘은 너무 세게 주지 말고, 물살의 리듬을 타는 거야. 준비됐지?"

"네!"

"하나, 둘, 셋!"

쏴아—!
황금빛 아기 송어의 몸이 물보라를 가르며 솟구쳤다.
순간, 강 전체가 그 빛에 물들었다.

그리고—

철썩!

“해냈다!!”

폭포 위에서 황금빛 꼬리가 번쩍였다.

다른 송어들이 함성을 질렀다.

“우와아아아아!! 첫 성공이다!”

“됐어, 이제 길이 열렸어!”

“좋아, 다음!”

두 번째, 아기 산천어가 나섰다.

“이번엔 제가 해볼게요!”

“너도 준비됐지?”

“물론이에요! 근데… 저 위에 맛있는 벌레 있죠?”

“아기 송어야, 그건 먹으러 가는 게 아니야.”

“그럼 내려올 때 먹을게요!”

콰앙—!

아기 송어는 용감하게 뛰어올랐지만…

퍽!

"으아악!! 폭포의 물살이 너무 쎄요!!!"

"그래, 괜찮아, 다시 뛰어오르면 돼!!"
물 아래에서 아쉬운 함성이 터졌다.

"아기 송어 실패!!"

"그래도 맛은 봤잖아!"

다시 점프.
다시 시도.
또 점프.

아이들의 비늘이 번쩍이며, 마치 하늘에서 별들이 쏟아지는 것처럼 보였다.
몇 번의 실패 끝에, 아기 산천어들은 하나씩, 하나씩, 폭포 위로 올라갔다.

아빠 산천어는 아기 송어들의 등을 힘차게 밀어주며 힘을 보탰다.

그의 꼬리는 지쳤고, 상처는 아직 아물지 않았지만, 그는 한 번도 멈추지 않았다.

"자, 마지막 남은 친구들!
힘을 모아야 해!"

"넵!!"

그는 한 마리씩 몸으로 받쳐 올리며,
폭포의 물살 속에서 작은 생명들을 떠밀었다.

그의 몸은 점점 무거워지고 있었지만, 그의 마음은 그 어느 때보다 가벼웠다.
마침내 마지막 한 마리까지 폭포 위로 올라갔다.

누치 형제들과 바비만 남았다.
"아빠, 이제 아빠 차례예요!"

"아니다, 바비, 너 먼저 올라가! 아빠는 마지막에 오를게!
바비야, 어서 뛰어올라! 어서!!"

"좋아요… 아빠."

바비가 고개를 끄덕였다.

"하나, 둘, 셋—!!"
바비의 몸이 하늘로 솟구쳤다.
달빛이 바비의 몸을 비추며 황금빛으로 물들였다.

마치 강이 축복하는 듯했다.

콰아아아—!

그리고,
"성공했어!!!"

바비는 폭포 위 잔잔한 물가에 몸을 던졌다.

고향의 냄새였다.
맑고 차가운, 그러나 따뜻한 물결. 바비는 숨을 고르며 웃었다.

바비는 폭포 아래를 내려다봤다.
거대한 물살 위에 무지개가 걸려 있었다.

누치 형제가 그 아래서 팔딱이며 외쳤다.

"바비가 해냈어!!! 산천어는 절대 포기하지 않아!!!"

"맞아!! 포기하면 그건 메기야!!"

"야!! 메기도 힘들게 살아!!"

"그건 그렇지!"

모두가 웃었다.
물보라 속에서, 웃음과 눈물이 함께 튀었다.

그날 밤,
폭포 위로 오른 아기 송어 무리는 폭포 위 잔잔한 물가에 모여, 서로의 지느러미를 맞잡았다.

바비가 미소 지으며 조용히 말했다.
"이제 우리 진짜… 집이야."

"그럼 내일 아침, 첫 번째로 뭐부터 할까요?"

"엄마한테 보고해야지."

"그리고요?"

"낚시꾼들 안 오게 간판을 세워야지."

"'출입 금지 — 산천어 리모델링 중' 이런 거요?"

"그래, 딱 그거야."

달빛이 잔잔한 강 위에 흩어졌다.
그 빛은 마치 수천 개의 별이
그들의 귀환을 축복하는 듯했다.

"산천어는 폭포를 거슬러 오르며 배운다.
세상의 모든 어려움은, 결국 사랑으로 향하는 물살이라는 걸."

제70화.

# 아빠 산천어의 장렬한 죽음

콰아아아아—!!

폭포는 천둥처럼 내리꽂혔다.

물보라가 하늘까지 치솟고, 세상은 오직 흰빛뿐이었다.

그 한가운데, 아빠 산천어가 있었다.

"누치 형제가… 이제 진짜 마지막이다."

그의 지느러미는 이미 찢어지고, 비늘은 반쯤 벗겨져 있었다. 하지만 눈빛만은, 누구보다 단단했다.

"첫 번째! 올라간다!"
그는 꼬리를 휘둘러 누치 동생의 등을 힘껏 밀쳐 올렸다.

"하나… 둘… 셋!"

쫘악—!!
누치 동생의 몸이 물보라를 뚫고 폭포 위로 솟구쳤다.

"해냈다!!!"
바비의 외침이 울렸다.

"됐어! 이젠 마지막 누치만— 으윽!"
바위에 긁힌 상처에서 피가 흘렀다.
피가 물과 섞여 사라졌지만, 그는 아무렇지 않은 듯 웃었다.

"산천어 형님, 괜찮아요? 좀 쉬세요!"
"괜찮아. 나는 튼튼해. 거의 금속제야."
"무슨 금속이에요?"
"사랑으로 단련된 티타늄이지."
"지금, 농담할 때 아니에요! 몸이 너무 안 좋아 보여요!"
"그래서 웃었잖아."

그는 여전히 미소 지을 뿐이었다.

마지막으로 누치 형을 올려보내려 할 때, 아빠 산천어의 몸이 툭— 하고 아래로 가라앉았다.

물살이 세차게 밀려들었다.

“산천어 형님!!!”

누치 형이 절규했다.

“안 돼… 산천어 형님, 손— 아니, 꼬리를 잡아요!!!”

“바비야….”

그의 목소리가 물속에 번졌다.

“나, 나는 괜찮아. 어, 어서 올라가아아….”

“산천어 형님…!!”

‘세상엔 꼭 누군가가… 뒤를 지켜야 하는 순간이 있다.’

아빠 산천어는 눈을 감았다.

거센 물소리 사이로, 지난날의 장면들이 떠올랐다.

바비가 처음으로 '아빠'라고 부르던 날. 초록강에서 둘이 장난치던 오후.

황금송어가 남긴 마지막 웃음. 그 모든 게 물결처럼 밀려왔다.

그는 천천히 미소 지었다.

"그래… 이제 됐다."

그는 흐릿한 눈으로 그 모습을 바라봤다.

"바비야… 너는 나보다 훨씬 멋진 아빠가 될 거야."

콰아아아아—!!!

폭포는 하늘에서 쏟아지는 듯 거세게 울부짖고 있었다.

아빠 산천어는 그 물살 한가운데에서 숨을 몰아쉬었다.

몸은 이미 상처투성이였고, 비늘 사이로 피가 새어 나왔다.

그는 이를 악물었다. 지느러미가 찢어지는 고통 속에서도 꼬리를 움직였다.

그 순간, 물안개 사이로 황금빛 무언가가 스쳤다.

"…황금송어?"

물결이 부드럽게 일렁이며, 황금빛 형체가 서서히 드러났다.
그는 언제나처럼 따뜻한 미소를 짓고 있었다.

"아빠 산천어… 그동안 잘 버텨왔어요."

"황금송어… 아직은 안 돼. 아이들이 다 오르지 못했어."

"당신은 이미 충분히 해냈어요."

"아직 아니야… 바비가, 그리고 아이들이 기다리고 있어."
그의 목소리가 흔들렸다.

황금송어는 조용히 다가와 그의 어깨 위에 지느러미를 얹었다.

"흐름에는 순서가 있어요.
당신은 아이들을 위로 올려보냈고,
이제 폭포 아래에서 흐름을 완성할 차례예요."

제71화.

# 폭포 아래의 꿈 : 아빠의 마지막 기억

아빠 산천어의 눈이 떨렸다.

"완성이라니… 나는 그저, 물살에 휩쓸린 아빠 산천어일 뿐인데."

"아니에요, 당신은 기억을 남긴 자예요." 황금송어의 목소리가 잔잔히 번졌다.

"사랑은 몸이 남아 있을 때 끝나는 게 아니라,
물이 되어 흐를 때 비로소 완성되는 것이니까요."

그 말에 아빠 산천어는 천천히 눈을 감았다.

물살 속에서, 지난 시간들이 필름처럼 흘렀다.

초록강에서 처음 만난 바비의 웃음.
어린 송어들이 잘피숲에서 놀던 오후.

누치 형제가 '수중 랩 배틀'을 벌이던 우스꽝스러운 밤.
그리고… 바비가 처음 '아빠'라고 불렀던 그 순간.
모든 장면이 빛으로 녹아, 폭포 아래로 흘러내렸다.

그는 천천히 말했다.
"황금송어야, 이제 알 것 같아.
흐름을 거슬리 오르는 게 아니라, 흐름을 남겨야 한다는 거."

"맞아요. 이제 아빠 산천어는 진짜 산천어가 되었어요."

그 순간, 황금빛이 그의 몸을 감쌌다.
상처가 사라지고, 무겁던 꼬리가 가볍게 떨렸다.

그의 눈동자에 마지막 미소가 번졌다.
"바비야… 아빠는 여기서 멈추지만, 넌 계속 가라.
내가 흘린 물이, 네 길이 될 거야."

콰아아아아—
폭포가 다시 울부짖었다.

황금빛 물결이 하늘로 솟구쳤고,

그 빛 속에서 아빠 산천어의 형체가 서서히 사라졌다.

남은 것은 물결, 그리고 잔잔한 노래 한 줄이었다.

"흐름은 멈추지 않는다.

사랑은 강이 되어, 다시 흘러간다."

폭포 위, 바비가 외쳤다. "아빠—!!! 우리 올라왔어요! 이제 아빠 차례예요! 빨리 올라오세요."

하지만 대답은 없었다.

대신, 물안개 사이로 황금빛이 한 줄기 스며 올랐다. 그건 마치, 미소 같았다.

바비의 눈물 한 방울이 폭포 아래로 떨어졌다.

그 물방울이 황금빛과 만나며 반짝였다.

제72화.

# 마지막 물결, 아빠의 회상

폭포 아래, 차가운 물살이 모든 소리를 삼켰다.
거친 물보라 속에서 아빠 산천어의 몸이 천천히 가라앉았다.

눈을 감는 순간, 세상은 더 이상 시끄럽지 않았다.

귀에는 단 하나의 소리만이 남았다.
흐르는 물의 심장 소리.

그의 눈앞에, 오래된 물길들이 필름처럼 흘러가기 시작했다.

작은 알이 바위틈에서 깨어나던 날.

햇살이 처음 물속으로 스며들었을 때 느꼈던 따뜻함.

"이게 세상이구나…."
그는 그때부터 알고 있었다.
자신의 인생은 늘 물의 품속에서 시작되고, 끝날 거란 걸.

아기 바비가 태어났던 날.
그 작은 꼬리가 덜덜 떨리며 "아빠…." 하고 부르던 그 순간.

그는 자신이 누군가의 세상이 되는 일이
얼마나 큰 축복인지 처음 알았다.

초록강에서의 날들.
황금송어와의 첫 만남, 잘피숲 속의 웃음소리,
붕깡두와 싸우던 날의 다친 꼬리,

그리고 폭우 속에서 서로를 잃고 다시 찾던 밤.
그 모든 순간이 거품처럼 피어올랐다.

"참 좋은 날들이었지…."
그의 입가에 미소가 번졌다.

비늘 사이로 작은 기포들이 올라왔다.
그건, 감사의 숨결이었다.

어느새, 물속 어딘가에서 금빛이 번졌다.
그건, 황금송어의 비늘이었다.

그 빛이 마치 말없이 다가와
그의 상처 위를 어루만졌다.

"황금송이…"
그의 목소리가 물결 속으로 스며들었다.

"당신이 말했던 예언, 이제야, 알 것 같아.
바비와 이기 송어들이 강을 거슬러 올라가고, 생명이 다시 이어지는 것. 그게 바로, 우리가 흘러온 이유였어."

비늘 빛이 살짝 흔들리며 대답하는 듯 반짝였다.
"그래요… 당신 덕분에 우리 아이들이 살았어요."

아빠 산천어는 조용히 고개를 끄덕였다.
"당신의 희생이 아니었다면, 나는 끝까지 아버지가 될 용기도 내지 못했을 거야."

그는 잠시 눈을 감았다.

그의 지느러미 위로 황금빛이 퍼졌다. 그 빛은 따뜻했고, 눈부시게 평화로웠다.

"고마워… 나의 친구이자, 빛이었던 이여."

그리고 그의 마음속에서 바비의 얼굴이 떠올랐다.

어릴 적, 꼬리로 장난치던 장면.

"아빠, 나 물살 이겼어요!" 하며 웃던 모습.

초록강의 별빛 아래서

"아빠, 우리 언제까지 흘러요?" 묻던 그 목소리.

"바비야…."

그는 마음속으로 말했다.

"너는 이제 나보다 훨씬 강하단다. 겁을 내도 좋고, 울어도 좋다. 하지만 절대 멈추진 마라. 흐름은 네 안에 있으니까."

그의 눈가에서 기포 하나가 흘러나왔다.

"그리고 꼭 기억해라. 산천어는 강을 거슬러 오르지만, 그 마음은 항상 아래로 흘러서,

누군가의 생명을 적신단다."

그 기포는 천천히 떠올라,
폭포 위로 흩어지는 빛 속으로 사라졌다.

그의 몸은 점점 가벼워졌다.
물살이 더 이상 무겁지 않았다. 차가움 대신, 포근함이 밀려왔다.

"이제… 괜찮다."

그의 마지막 시야에
별빛처럼 반짝이는 물방울이 흩어졌다.
그건 마치 강이 눈물을 흘리는 듯한 장면이었다.

그 순간,
멀리서 들려오는 바비의 목소리.

"아빠… 우리 올라왔어요!
아빠가 말한 대로 진짜 올라왔어요!"

그의 입꼬리가 천천히 올라갔다.
"그래… 내 아들."

그는 속삭였다.
“잘했다.
이제 네가 이 강의 노래를 이어라.”

그리고 그 말과 함께,
그의 몸은 천천히 물속으로 스며들었다.

달빛이 폭포 위를 스쳤다.
그 빛이 물방울마다 부딪히며 작은 노래처럼 반짝였다.

그날 밤,
폭포 아래의 물은 유난히 맑았다.
누군가가 바로 어제까지 거기 있었던 것처럼.

그리고 달빛 속에서,
황금빛 비늘 하나가 천천히 떠올라, 폭포 위를 넘어 사라졌다.

바비를 향해, 별조개의 빛이 깜빡이며 속삭였다.

“진짜 강한 아버지는 세상을 떠나도, 사랑으로 흐르는 법을 잊지 않는다.”

제73화.

# 폭포 위에서, 오지 못할 아빠를 기다리는 바비

폭포 위, 바비는 꼬리를 접은 채 조용히 서 있었다.
물보라 사이로 흩날리는 햇살이 부서지고 있었다.

"곧 올라오시겠지…."
그는 그렇게 믿었다.

아빠는 항상 돌아왔으니까.
언제나 약속을 지켰으니까.

하지만—
시간은 지나도, 그 익숙한 지느러미의 그림자는 나타나지 않았다.

폭포 아래로 떨어지는 물줄기 소리가,
이제는 심장 박동처럼 들렸다.

쾅, 쾅, 쾅….
'아빠, 왜 이렇게 늦어요…?'

"바비!"
그때, 뒤쪽에서 숨을 몰아쉬며 누치 형제가 올라왔다.

온몸이 상처투성이였다.
그들의 눈빛엔, 이미 모든 걸 알고 있는 듯한 슬픔이 묻어 있었다.

"누치 형들… 아빠는요?"
누치 형제는 아무 말 없이 바비를 끌어안았다.

그리고—
바비의 어깨 위로, 조용히 눈물이 떨어졌다.

"아빠는…."

누치 형제는 더 이상 말을 잇지 못했다.

"아빠 산천어는, 아기 송어들을 다 올리고 나서야,
그제야… 잠시 쉬셨지."

"그리고 우리의 등을 힘껏 밀어주셨어."

"그게 무슨… 쉬셨다는 게…."

"비비야, 아빠는 마지막까지 웃고 계셨어.
네 이름을 부르면서."

"…."

동생 누치가 떨리는 목소리로 이어 말했다.
"그리고 이렇게 말씀하셨어… '바비야, 넌 나보다 훨씬 멋진 아빠가 될 거야,
그게 내 마지막 소원이다'라고."

그 말이 끝나는 순간,
바비의 몸은 무너졌다.

그는 폭포 위 자갈밭에 주저앉아
숨을 삼키듯 울음을 터뜨렸다.

"아빠… 왜요…
왜 나를 먼저 보냈어요… 같이 올라오면 됐잖아요…."

그의 울음은 폭포 소리보다 더 크게 울렸다.

물보라가 흩어지는 사이로,
그의 절규가 메아리처럼 번졌다.

"나, 아빠 없이 어떻게 살아요…
누가 저를 믿어줘요…."

누치 형제는 아무 말도 하지 않았다.
그저 그의 등을 감싸안았다.

"괜찮아, 바비야.
지금은 울어도 돼. 산천어는 눈물로 강을 만든다잖아."

"그건 누치 형이 지어낸 말이죠…."

"그래도 멋있잖아."

바비는 그 말에 흐느끼며 웃었다.
눈물과 웃음이 뒤섞인 표정은, 이상하게도 아빠를 닮아 있었다.

한참을 울던 바비는 고개를 들었다.
물 위로 떠오른 작은 거품 하나가
햇살에 반짝였다.

그건 꼭—
아빠가 살짝 등을 밀어주는 것 같았다.

"아빠…."
그는 중얼거렸다.

"아빠가 밀어주는 것 같아요."

"그럼 밀어드려야지. 우릴 여기까지 밀어줬으니까,
이제 우리가 아빠를 위로 밀어드리는 거야."
누치 형이 웃으며 말했다.
"형… 그 말 멋지네요."
"내가 말했잖아. 난 원래 시인 체질이야."

"시인이 아니라 누치잖아요."
"디테일한 건 중요하지 않다."

바비는 눈물 속에서도 피식 웃었다.
그 순간, 그의 가슴속에 따뜻한 무언가가 스며들었다.

물 위로 떠오르는 기억들.
아빠의 웃음, 등을 밀어주던 그 따뜻한 지느러미의 감촉.

초록강에서의 첫날.
"괜찮아, 바비. 아빠가 지켜줄게." 그 말이 다시 귓가에 들렸다.

바비는 천천히 눈을 감았다.
"아빠… 이제 제가 지킬게요. 아빠가 꿈꾸던 산천어 마을,
그리고… 우리가 사랑했던 강을."

누치 형제가 고개를 끄덕였다.
"그래, 그게 진짜 아빠의 바람이었어."

그날 밤,
바비는 폭포 위에서 하늘을 올려다봤다.
별빛이 물 위에 반사되어 반짝이고 있었다.

그중 하나가 유난히 빛났다.
황금빛이었다.

바비는 미소 지었다.
"아빠… 거기서 보고 계시죠? 나, 괜찮아요.
아직은 좀 울겠지만, 곧 웃을게요."

바람이 불었다.
물결 위로 잔잔한 파문이 번졌다.
그건 마치, 아빠의 손길 같았다.

"산천어는 강을 거슬러 오르지만, 그 마음은 언제나 아래로 흘러간다.
사랑은 그렇게, 흘러내리며 남는다."

제74화.

# 폭포 위의 별빛 제단

밤이었다.

하늘엔 구름 한 점 없이 별이 가득했다.

폭포수는 달빛을 머금고 흘러내리며, 마치 하늘과 땅을 잇는 한 줄기 빛의 사다리 같았다.

바비는 조용히 물 위에 떠 있었다.

그의 몸엔 아직 폭포의 물살 자국이 남아 있었고, 지느러미는 상처투성이였다.

그러나 그는 눈을 감지 않았다.

그 아래, 폭포 아래에는—

그의 아버지가 있었다.

"아빠…."

목이 메어 더 이상 말이 나오지 않았다.

눈물이 차올라 물과 섞였다.

눈물이 폭포 아래로 떨어지자, 그 물결이 마치 대답하듯 미세하게 떨렸다.

누치 형이 다가와 조용히 말했다.

"바비야… 이제 그만하자. 아빠는—"

"아니요."

바비의 목소리가 떨렸다.

"아직은, 아직 못 보내겠어요."

그는 천천히 목에 걸린 별조개를 꺼냈다.

그건 황금송어가 남겨준 유산,

'마음이 진실할 때만 빛을 낸다'던 바로 그 조개였다.

"별조개 님,

저… 다시 한번 부탁드려요.

아빠가 흐름 속에서 외롭지 않게, 길을 밝혀주세요."

그 말이 끝나자,

별조개가 미세하게 떨렸다.

물 위에 퍼지던 달빛이 별조개 안으로 스며들었고,

곧이어—
후우우—
부드러운 빛이 번져나갔다.

별조개가 서서히 열리며, 그 속에서 작은 별빛 물결이 피어올랐다.
그 빛은 폭포의 물방울을 따라 천천히 아래로 흘러내렸다.
그리고 그곳, 폭포 아래 어둠 속에서—
아빠 산천어의 실루엣이 희미하게 빛났다.

"아… 아빠…!"
바비가 손을 뻗었다.
하지만 물결은 닿지 않았다.

아빠의 형체는 흐릿했지만,
그 미소만은 누구보다 또렷했다.

"바비야…."
그 목소리가 물결을 타고 올라왔다.
"아직도 울고 있구나."

"아빠… 아직 할 말이 너무 많아요."
"괜찮아. 말하지 않아도 다 들린단다."
"아빠, 무서워요.
이젠 혼자 흘러가야 하잖아요."

아빠 산천어는 미소 지었다.
"흐름이 널 데려갈 거야.
하지만 널 버리진 않을 거야.
물은 늘, 기억하거든."

그 말과 함께,
폭포 위의 별조개가 한층 더 강하게 빛났다.
별빛이 폭포수를 타고 내려와
마치 수많은 별이 강 위에 떨어지는 듯 반짝였다.

누치 형이 조용히 말했다.
"저거… 하늘로 올라가는 별 같네."
바비는 고개를 끄덕였다.
"아빠가 별이 되는 중이에요."

물소리가 점점 잦아들었다.
별조개의 빛은 서서히 희미해지더니,

마지막으로 폭포수 한가운데에 작은 별무늬 물결 하나를 남겼다.

바비는 그 자리를 한참 바라보다가 속삭였다.
"아빠… 이제 알겠어요.
산천어가 폭포를 오르는 이유는
물살을 거스르기 위함이 아니라,
하늘 가까이에서 사랑을 다시 만나는 길이었네요."

그 말과 함께 바비는 별조개를 다시 품에 안았다.
별조개는 조용히 빛을 가라앉히며, 다시 하얀 껍질로 돌아갔다.

"잘 자요, 아빠.
이제 제 안에도, 제 흐름에도 아빠가 함께 있어요."

그날 밤,
폭포 위엔 유난히 많은 별이 쏟아졌다.
그중 하나가 폭포수에 반사되어 반짝였다.
누치 형이 중얼거렸다.
"봐 봐, 바비. 아빠가 또 웃고 있잖아."

바비는 고개를 들었다.

하늘에서 떨어진 그 별빛은
그의 눈동자 속에 고요히 자리 잡았다.

"사랑은 흐름을 멈추지 않는다.
다만, 그 형태를 바꿔 별이 되어 우리 곁에 머무를 뿐이다."

제75화.

# 아빠 산천어에 대한 그리움

폭포 위의 밤은 길었다.

물소리는 여전히 거세게 떨어졌고,

바비는 그 자리에 앉은 채, 움직이지 못했다.

누치 형제는 말없이 옆에 있었다.

별빛은 차갑게 흩어졌고, 물 위로는 아빠의 기억이 어렴풋이 떠 있었다.

"형… 나는 이제 어떻게 해야 해요?"

바비의 목소리는 거의 속삭임에 가까웠다.

누치 형이 조용히 대답했다.
“그냥 흘러가면 돼.”

“근데… 어디로요?”

“모른다. 그게 강이지.
흐르는 물이 어디로 갈지 아는 물은 없거든.”

바비는 고개를 숙였다. 그 말이 어른스럽게 들리면서도, 마음 한편이 무너져 내렸다.

그날 밤,
바비는 잠들지 못한 채, 폭포를 바라봤다.
물보라 사이로 반짝이는 별 하나가 아빠의 눈빛처럼 느껴졌다.

“아빠, 왜 저한테 아무 말도 안 하고 갔어요….” 그의 눈가에서 물이 흘러내렸다.

하지만 이번엔 울음이 아니라,
조용히 흐르는 물처럼 맑았다.

“이제는 제가 아빠가 하던 걸 해야겠죠.

누군가를 밀어주고, 누군가를 지켜야겠죠."

바비는 잠시 웃었다.
"근데… 제 꼬리로 그게 가능할까요?"

그는 꼬리를 흔들었다.
물보라가 살짝 일며 반짝였다.

누치 동생이 눈을 비비며 말했다.
"바비야, 잠 좀 자라. 너 자꾸 철학적인 말 하면 나도 생각이 많아진단 말이야."

"형, 저는 그냥 아빠 생각한 거예요."

"그럼 그건 괜찮아. 철학 아니야, 그건 사랑이니까."

그 짧은 말에 바비는 미소를 지었다.
그리고 조용히 눈을 감았다. 폭포의 물소리가 자장가처럼 들렸다.

해가 떠올랐다.
물안개가 피어오르고, 아침 햇살이 강 위를 천천히 물들였다.

바비는 천천히 일어섰다.
눈가엔 아직 붉은 기운이 남았지만, 표정은 달라져 있었다.

"누치 형들, 우리 이제, 가요."
"지금? 아직 아침밥도 안 먹었는데."
"괜찮아요. 아빠가 기다릴 거예요."

누치 형이 눈을 동그랗게 떴다.
"바비, 그건 좀…."
"하늘에서요."
"…그래, 맞네. 그건 좀 멋있다."

바비는 폭포 아래를 향해 고개를 숙였다.
"아빠, 이제 제가 갑니다. 우리가 꿈꾸던 산천어 마을로."

물살이 그 말을 듣기라도 한 듯 부드럽게 흔들렸다.
바비는 마지막으로 폭포 쪽으로 몸을 숙였다.

"아빠, 고마워요. 그리고 사랑해요."

그는 누치 형제와 함께 천천히 상류 쪽으로 헤엄쳐 올랐다.
물살은 여전히 거셌지만, 이제 그 물살이 무섭지 않았다.

누치 형이 말했다.

"바비야, 이제 네가 앞장서라."

"제가요?"

"그래. 이제 네가 우리 대장이잖아."

"대장이요? 그럼 명령할게요.

오늘은 절대 울면 안 돼요."

"어이, 그건 좀 어려운데?"

"그래도 웃으면서 가요. 아빠가 좋아하실 거예요."

그들의 꼬리가 물결 위로 반짝였다.

햇살이 그 위로 부서지며, 마치 길을 만들어 주는 듯했다.

길을 오르며, 바비는 물결 속에서 아빠의 목소리를 들었다.

"바비야, 강을 두려워하지 마라.

강은 널 데려가는 게 아니라, 널 성장시켜 주는 거야."

그 말에 바비는 살짝 웃었다.

"네, 아빠. 이젠 알 것 같아요. 강은 끝이 아니라, 이어지는 길이었어요."

누치 형이 옆에서 물었다.

“혼잣말하냐?”

“아뇨, 통화 중이에요.”

“누구랑?”

“아빠랑요.”

“…강, 전화 요금 비싸다.”

“괜찮아요. 가족 할인이에요.”

모두가 웃었다.

물 위에 터지는 그 웃음은, 마치 햇살처럼 따뜻했다.

그날 오후, 그들은 작은 여울을 지나며 잠시 쉬었다.

바비는 말없이 물살을 바라보다 말했다.

“아빠는 이제 하늘로 갔지만, 강은 여전히 흐르고 있네요. 그럼 아빠도 강물처럼 흐르고 있는 거겠죠?”

누치 형이 고개를 끄덕였다.

“그럼. 강이 흘러가면, 마음도 흘러가니까.”

“그래요. 그러면… 나도 흘러가야죠.”

바비는 꼬리를 세게 흔들었다. 물보라가 튀며 무지갯빛으로 흩어졌다.

그 속에서 그는 작게 중얼거렸다.

“산천어는 강을 거슬러 오르지만, 그 마음은 아빠를 향해 흐른다.”

‘흐름은 멈추지 않았다. 한 생명이 흘러간 자리에서, 또 다른 생명이 흘러가기 시작했다.’

그리고, 그 물길 위에서, 사랑은 방향을 잃지 않았다.

제76화.

# 폭포를 넘어 산천어 마을로…

해가 떠오르자 계곡 위로 은빛 안개가 피어올랐다. 바비는 길게 숨을 들이켰다.

맑은 공기 속에 풀 냄새, 돌 냄새,

그리고 어린 시절 기억 속의 고향 냄새가 섞여 있었다.

그 뒤로는 꼬물꼬물—

작은 송어 무리가 길게 줄을 지어 따라오고 있었다.

“얘들아, 이제 거의 다 왔다! 조금만 더!”

바비가 꼬리를 흔들며 외쳤다.

"진짜요? 진짜 거기가 우리 새집이에요?"

한 꼬마 송어가 두 눈을 반짝이며 물었다.

"그럼! 산천어 마을은 말이야, 물이 투명해서 서로 눈썹까지 보여!"

"산천어도 눈썹이 있어요?"

"그건… 상상 속에서만 있단다."

"그럼 저도 그 상상 눈썹 길러볼게요!"

누치 형제가 옆에서 웃음을 터뜨렸다.

"이 녀석들 봐라, 고향 들어오기 전에 벌써 패션 고민이라니!"

"요즘 애들은 트렌드에 민감하죠."

그렇게 웃고 떠들며 올라가던 중,

드디어— 산천어 마을 초입에 다다랐다.

바비가 멈춰 서며 말했다.

"얘들아, 여기가 바로… 산천어 마을 입구야."

그들은 물 위로 고개를 내밀었다.

바로 앞에 펼쳐진 풍경은 지금껏 본 적 없는 세상이었다.

초록강의 탁한 물빛과는 완전히 달랐다.

물은 마치 유리처럼 맑았고, 햇살이 바닥까지 닿아 자갈 하나 하나가 다 보였다.

자갈 틈 사이로 새우들이 숨바꼭질하듯 꼼지락거렸고,

물풀은 부드럽게 춤을 추며 손짓했다.

"와아아—!"

꼬마 송어들이 동시에 소리를 질렀다.

"물이 투명해요!"

"저기요, 내 꼬리 보여요! 저기서도 보여요!"

"내 얼굴이… 거울처럼 보여요! 헉, 이쁘다!"

"그건 네가 깨끗해서 그래." 바비가 웃으며 말했다.

"초록강 물은 세상에서 가장 넓은 학교고, 여긴 그 학교의 연못 같은 곳이야."

공기 속에는 흙과 풀의 냄새가 섞여 있었다. 커다란 고기도 없었다.

위험한 그림자도, 소음도 사라진 세상이었다.

"혀엉, 여긴 무서운 물고기 없어요?"

"응, 여기서 살아가는 물고기들은 모두 가족이야."
"그럼 우리도 가족이에요?"

"물론이지."
바비는 부드럽게 대답했다.
아기 송어 눈가엔 작은 물방울이 맺혔다.

늦가을의 햇살이 계곡 위로 번졌다.
폭포를 넘어선 바비와 누치 형제 그리고 아기 송어 무리는 한동안 말을 잃었다.

이곳은, 바비가 그토록 그리워하던 고향이었다.
물빛은 유리처럼 투명했고, 자갈들은 아기 때 뛰놀던 그때 그대로 반짝였다.

"이 냄새… 맞아, 우리 산천어 마을이야."
바비는 고향의 물을 한 모금 머금었다.

부드럽고, 따뜻하고, 눈물처럼 짰다.
산천어 가족들이 자갈과 모래톱에 가슴지느러미를 문질렀다.

"아, 이 감촉이야…!"
"여기 모래는 마사지 효과가 있어요!"

"얘들아, 자갈은 마사지용이 아니란다."

"그럼 미용용인가요?"
"음… 추억용이지."
웃음소리가 계곡에 번졌다.

그 소리만으로도 마을의 공기가 한결 밝아졌다.
그때, 산 위에서 외마디 소리가 울렸다.

"왔다—! 왔어—! 바비가 돌아왔어—!!"

줄무늬다람쥐가 두 손으로 도토리를 던지며 소리쳤다.
"도토리 뉴스 긴급 속보! 산천어 가족, 귀환 성공!!"

물총새가 물가 위를 돌며 외쳤다.
"바비와 아기 송어들이 드디어 산천어 마을에 도착했대요!!"

산천어 마을 전체가 술렁였다.

제77화.

# 바비, 엄마 품에 안기다

산천어 마을에 도착한 얼마 후,
그리움이 섞인 한 목소리가 울렸다.

"바비…?"

바비는 얼어붙은 듯, 그 자리에 멈췄다.

그 목소리.
어릴 적부터 잊을 수 없는, 세상에서 가장 포근한 소리.

"엄… 마!!"

그 순간, 물살을 헤치며 엄마 산천어가 다가왔다.

"바비야…."

두 산천어는 서로를 부둥켜안았다.

뜨거운 눈물이 물속으로 흩어져 작은 거품이 되었다.

"바비, 이렇게 살아 돌아와 줘서 정말 고맙구나!

이게 꿈은 아니겠지…! 네가 이렇게 돌아오다니…!"

바비는 숨을 삼켰다.

"엄마… 아빠도 같이 왔어야 했는데… 그러지 못했어요. 다 제 탓이에요… 흑— 흑— 흑…

제가 폭우에 휩쓸리지만 않았어도…."

엄마 산천어는 조용히 그의 머리를 감싸안았다.

"아니다, 바비야. 네가 이렇게 돌아왔고, 그걸로 충분하다. 아빠는 마지막까지 가족을 위해 모든 걸 다 바치셨어… 아빠는 이제 우리 산천어 마을의 별이 되셨단다."

그 말에 바비는 더 이상 울음을 참을 수 없었다.

바비의 울음은 슬픔이 아니라, 사랑이 흘러내리는 소리였다.

그때 멀리서 "쏴아아—" 하는 물살 소리와 함께,
산천어 마을의 어른 물고기들이 하나둘 다가왔다.

등에는 고운 무늬가 있고, 눈빛엔 따뜻한 여유가 있었다.
"이야, 이게 그 아기 송어들이로군!"
"우와, 진짜 작다! 내 꼬리보다 작네."
"쉿, 놀라잖아요."
"난 칭찬한 건데…."

어른 산천어가 앞으로 나섰다.
"어서 와, 꼬마들. 여기가 이제 너희들이 살아갈 곳이란다."

아기 송어들이 조심스레 고개를 숙였다.
"안녕하세요… 저희는 초록강에서 왔어요."

"초록강? 거기서 이곳까지, 그 험한 물살을 헤치고 왔단 말이냐!"
옆의 붉은 산천어 아저씨가 놀라 입을 벌렸다.
"이 녀석들, 꼬마지만 보통 용기가 아니구나."

"하하, 그건 다 바비 형 덕분이에요!"

"그래요! 형이 '겁내지 마, 물이 널 밀어줄 거야!'라고 했어요!"

"오호라! 그 말 멋진데?"

붉은 산천어 아저씨가 감탄했다.

"내가 예전에 그 말 듣고 울었단다."

"아저씨는 언제 들으셨어요?"

"방금 들었지."

모두 웃음이 터졌다.

웃음소리가 계곡 벽에 부딪혀 울려 퍼졌다.

그리고 그 순간, 계곡의 바람이 부드럽게 불었다.

마을의 물고기들은 꼬마 송어들에게, 산천어 마을의 이곳저곳을 안내했다.

"저기 바위 밑은 새우 식당, 저쪽 수초밭은 잘피숲 도서관,

그리고 이쪽은 우리가 아침마다 수영 연습하는 학교야."

"진짜요? 학교가 물속에 있어요?"

"그럼! 우리는 책 대신 거품으로 공부하지."

"거품으로요?"

"응. 가끔 터져서 복습하기 힘들다는 게 단점이지."

아이들은 웃었다.
그 웃음에 물살이 반짝였다.
물소리, 새소리, 바람 소리가 어우러져 마치 음악 같았다.

엄마 산천어는 바비에게 속삭였다.
"정말 수고 많았다, 바비야.
이 아이들은 네 덕분에 무사히 왔구나."

바비는 고개를 숙였다.
"전 그냥… 강물이 알려주는 대로 왔어요."

"그래, 그게 바로 산천어의 길이란다."

밤이 되자 계곡은 별빛으로 물들었다.
물풀 위에는 작은 불빛이 일렁였고, 아기 송어들과 산천어들은 모두 함께 원을 그리며 돌았다.

누치 형제가 노래를 불렀다.
"강을 건너면 새로운 세상~ 두려움 끝엔 웃음이 있지~"

줄무늬다람쥐가 도토리 마이크를 들고 외쳤다.
"신입 송어들 환영합니다! 이제부터 아기 송어들은 산천어 마을의 가족이에요!"

바비는 조용히 그 모습을 지켜보다가 미소를 지었다.
"초록강에서 흘러온 물이,
이제 산천어 마을의 생명이 되었구나."

그의 눈에 비친 아기 송어들의 얼굴은
빛으로 가득 차 있었다.

"바비 형!
"응?"
"우리 이제… 진짜 행복해요."

그 말에 바비는 조용히 대답했다.
"그래. 이제부터는 너희가 이 강을 웃게 만들 차례야."

밤하늘의 별 하나가 반짝였다.
그 빛이 강 위에 내려앉자, 물결이 살짝 출렁이며 대답했다.

"흘러온 물은 서로를 만나며 강이 되고, 함께 웃는 순간, 하나의 마을이 된다."

그날, 산천어 마을은 유난히 밝았다.
물 위의 별빛이, 웃음처럼 반짝였기 때문이다.

밤이 되자, 산천어 마을의 아이, 어른 할 것 없이 물고기들이 한자리에 모였다.

"무지개 산천어야, 바비야, 그리고 어린 송어들아. 정말 고생 많았다. 너희는 이 강의 자랑이야." 어른 산천어가 말했다.

마을의 모든 물고기가 숙연했다. 그리고 하나같이 고개를 숙였다.
아빠 산천어의 마지막 여정이, 그리고 장렬한 죽음이, 이미 산천어 마을 계곡 깊숙이 전해져 있었기 때문이다.

아빠 산천어의 숭고한 희생은 산천어 마을의 전설이 되었고, 오늘 그 전설의 아들이 돌아온 것이다.

"이제 알겠어요." 바비가 조용히 말했다.
"왜 아빠가 그토록 이곳으로 돌아오고 싶어 했는지를. 고향은 그냥 태어난 곳이 아니라, 우리가 다시 '우리 자신'이 되는 곳이었어요."

엄마 산천어가 미소 지었다.

“그래, 바비야. 그래서 강물은 늘 흘러가지만, 결국 제자리로 돌아오는 거란다.”

그때, 누치 형제가 뒤에서 웃으며 다가왔다.

“이야~ 여기가 바로 소문으로만 듣던, 그 산천어 리조트입니까?”

“입장료는요? 식대 포함입니까?”

엄마 산천어가 누치 형제들을 바라보며, 따뜻한 미소를 지었다.

“누치 형제님들의 산천어 마을 입장료, 식대, 숙박료 모두 무료입니다. 하하하.”

“누치 형님들!” 바비가 그들을 꼭 껴안았다.

“정말 고마웠어요.

형님들이 없었으면 우린 여기까지 못 왔어요.”

무지개 산천어도 다가와 말했다.

“당신들은 우리 생명의 은인이에요.”

누치 형은 어깨를 으쓱였다.

“은인이면, 산천어 마을 평생 무료입장권 주시는 겁니까?”

“물풀 뷔페 포함으로요!”

모두가 웃었다.
웃음 속엔 눈물이 섞여 있었다.

그날 산천어 마을에는 오랜만에 축제가 열렸다.

물풀 위에는 반짝이는 비늘 조각이 떠 있었고, 물 위로는 호랑나비 무리가 춤을 췄다.
꾀꼬리 한 쌍이 노래했고, 줄무늬다람쥐는 도토리 컵을 높이 들어 외쳤다.

“위하여— 산천어 가족의 귀환을 위하여!”

계곡 전체가 웃음과 울음으로 물들었다.
별빛이 물 위를 비추자, 바비는 고개를 들어 하늘을 바라봤다.

그중 가장 밝은 별 하나가 반짝였다.
그건 꼭— 아빠의 눈빛 같았다.

바비가 중얼거렸다.
“아빠, 고향에 도착했어요. 그리고… 약속대로, 모두 살아 있어요."

그는 천천히 꼬리를 흔들며 말했다.
"이제부터는 제가 아빠처럼 지켜갈게요. 이 강, 이 마을, 그리고… 사랑을."

그 말이 끝나자,
폭포 위 어딘가에서 황금빛 비늘 하나가, 살짝 흘러내려 바비의 머리 위에 내려앉았다.

마치 대답이라도 하듯,
은은한 물결 하나가 계곡 전체를 감싸안았다.

"산천어는 물살을 거슬러 오르며, 결국 사랑으로 돌아온다."

제78화.

# 누치 형제들, 영웅 대접받다

산천어 마을 아침.

햇살이 계곡 바위를 따라 흘러내리며, 맑은 물결 위에서 반짝였다.

산천어 마을 잔치 열기는 아직 식지 않았다.

바비와 아빠 산천어, 그리고 누치 형제가 아기 송어들을 무사히 이끌고 돌아왔기 때문이다!

"오늘은 그 전설의 원정대에게 상을 준대!!"

줄무늬다람쥐가 물었다. "상은 누가 받는 거야?"

"누치 형제들 말야!"
"응, 심지어 꼬마 송어들 수백 마리 전원 무사 귀환시킨 누치 형제들이래!"
"그, 수백 마리 아기 송어들을 누치들이 다 업고 왔대?!"
"헉, 누치 형제가? 업을 수 있었어? 그 체형으로?"
"그러니까 영웅이지!!"

그 순간, 계곡 입구에서 물살이 반짝이며 갈라졌다.
앞장서서 들어오는 건 바비, 그리고 뒤이어 온몸에 상처투성이지만 미소를 잃지 않은 누치 형제였다.

아기 송어들은 그 뒤를 졸졸 따라오며 외쳤다.

"산천어 마을 너무 좋아요!"
"진짜 물이 맑아요!"
"마치… 꿈속 같아요!"

그들의 말에 마을 물고기들이 일제히 박수를 쳤다. 아니, 정확히는— 지느러미 박수였다.
"파닥 파닥 파닥!! 영웅들이다!!"

"자, 모두 모여라~!"

엄마 산천어가 말했다.

그리고 마을 한가운데 커다란 바위 위로 바비와 누치 형제를 올려세웠다.

"오늘의 주인공, 바로 이 셋이야!"

"우와아아아—!!"

물고기들의 환호가 폭포 소리보다 컸다.

누치 형제가 서로를 툭 치며 말했다.

"형, 들었어? 주인공이래요."

"응… 근데 우리 진짜 주인공 맞아?"

"그럼! 내가 꼬마 송어 네 마리를 한꺼번에 업었는걸요."

"나는 다섯 마리 업었는데?"

"그럼 내가 영웅+1이네."

"뭐?! 업은 애들이 자꾸 떨어졌잖아!"

"그건 물살이 너무 세서!"

"아니, 그건 네 꼬리가 너무 미끄러워서!"

바비가 웃음을 터뜨렸다.

"형들, 싸우지 말아요. 두 분 다 진짜 멋졌어요."

그 말에 마을 전체가 박수를 쳤다.

"파닥 파닥 파닥!! 누치 만세!! 바비 만세!!"

그날 오후, 마을에는 또다시 잔치가 열렸다.

새우들이 만든 거품탕, 도롱뇽이 직접 구운 자갈빵, 그리고 줄무늬다람쥐의 특제 도토리 수프까지—

산천어 마을 역사상 가장 푸짐한 만찬이었다.

누치 형제가 감격스레 말했다.

"형, 나 이런 음식 처음 봐요."

"나도… 근데 도토리 수프는 왜 짜지?"

"아, 그건 다람쥐가 자꾸 맛보느라 눈물 섞였대요."

"감동적이다… 짠맛의 의미가 다르네."

엄마 산천어가 나섰다.

"마을 회의에서 결정했단다. 누치 형제에게 명예 산천어 마을 시민증을 수여하겠다고!"

"에? 시민증이요?"

"그럼 우린 산천어가 되는 거야?"

“그럼 수영도 시험 봐야 하나요?”

“아니, 그냥 웃는 게 자격조건이래요.”

“그럼 통과!”

모두 웃음을 터뜨렸다.

그리고 바비가 누치 형제 앞으로 나섰다.

“형들, 이건 초록강에서 가져온 거예요.”

그는 조심스레 반짝이는 자갈 두 개를 꺼냈다.

“초록강의 첫 자갈이에요. 그때 형들이 아니었다면, 저희는 다 거기 남았을 거예요.”

누치 형제는 그 자갈을 받아 들며 잠시 아무 말도 못 했다.

누치 형이 입을 열었다.

“바비야… 이건 우리한테 상이 아니라 약속이다.”

“약속이요?”

“그래. 언젠가 또 누군가 강을 건널 때, 우리가 도와주는 거야. 그게 진짜 영웅의 일이지.”

바비는 눈을 반짝였다.

"형들… 진짜 멋져요."

"그건 알지."

"바로 그 태도 때문에 덜 멋지다니까요."

"어라? 또 혼났다."

해가 지고, 물 위로 별빛이 내리기 시작했다.

잔치가 끝나갈 무렵, 누치 형제는 물가에 앉아 있었다.

"형, 근데 우리 이제 뭐가 되면 될까요?"

"뭘 되긴. 영웅이 됐잖아."

"그래도 내일 아침엔 밥 벌어야지."

"역시 현실적이다."

그때 바비가 다가왔다.

"형들, 정말 수고많았어요."

"아니야, 우린 해야 할 일을 한 것뿐이야… 정말 좋은 탐험이었어."

"이제 누치 형들도 우리 산천어 마을의 가족이 되었네요."

"그럼, 매일 밥 먹으러 올게."

"그건 너무 자주요."

모두 웃었다.

그 웃음은 바람처럼 부드럽게 계곡을 채웠다.

별빛이 강 위에 떨어지자, 물결이 살짝 흔들렸다.

그건 마치 강이 속삭이는 것 같았다.

"용기는 혼자가 아니라 함께 흐를 때 진짜가 된다."

그날 밤, 산천어 마을의 물은 유난히 따뜻했다.

웃음과 감사, 그리고 새로운 가족의 기운이 물결마다 반짝이며 퍼져나가고 있었다.

"흘러온 물은 하나의 강이 되었고,

함께한 마음은 하나의 마을이 되었다."

제79화.

# 산천어 마을, 새로운 숨

산천어 마을의 강줄기는 맑고 투명했다.

햇살이 물결 위로 부서지며, 물속은 유리처럼 반짝였다.

작은 새우들이 풀숲 사이로 도망치고, 물풀이 살랑이며 아기 송어들을 반겼다.

그 향기 속엔 어딘가 익숙한 내음이 있었다—

은은한 풀 향, 그리고 아주 희미한 황금빛 냄새.

“이 냄새… 엄마 냄새 같아요.” 가장 어린 송어가 속삭였다.

바비가 미소를 지었다.

"그래… 여긴 엄마가 태어나신 곳이야. 황금송어 님의 강."

아이들이 조용히 눈을 감았다.

그들의 비늘이 햇살을 받아 반짝였고, 그 빛은 마치 엄마의 미소처럼 따뜻했다.

"이야… 물이 이렇게 부드러울 수가 있나."

누치 형이 느긋하게 몸을 풀었다.

"초록강은 매번 피 튀겼는데, 여긴 스파 수준이야."

"형, 여긴 고향이라 그런 거예요."

"그래서 물이 이렇게 포근하구나. 마치 엄마 품 같네."

아기 송어들이 서로 밀치며 깔깔 웃었다.

"나 방금 버블 마사지 받았어요!"

"저기 돌 뒤엔 미끄럼틀 있어요!"

"와— 여긴 진짜 산천어 파라다이스네!"

바비는 그 모습을 바라보다가 천천히 미소 지었다.

'그래, 이제 됐다. 이 아이들이 웃을 수 있다면… 아빠도, 황금송어 님도 분명 기뻐하실 거야.'

물풀 사이에서 바비는 손끝으로 작은 조개껍질을 발견했다.

그건 마치 오래된 별조개의 조각 같았다. 그가 살짝 쓰다듬자, 조개 안쪽이 미세하게 반짝였다.

"아빠…."

그는 낮게 속삭였다.

"이 강은 아직도 당신의 숨을 기억하고 있네요."

그 순간, 물살이 부드럽게 흔들렸다. 바비는 그것이 답장처럼 느껴졌다.

"흐름은 끊어지지 않는다. 너는 이제 이 강의 일부야."

"자, 얘들아! 감상은 끝!"

누치 형이 두 지느러미를 딱 치며 외쳤다.

"이제부터는 산천어 마을 생활 적응 훈련이다!

첫째, 새벽 수온에 버티기!

둘째, 미끄러운 자갈 위에서 자세 유지하기!

셋째— 밥은 빨리 먹기!"

"형, 그건 그냥 욕심이잖아요."

"산천어는 배고프면 지느러미가 안 자라!"

"진짜예요?"

"그건 내 이론이야!"

아이들은 깔깔거리며 물살 속으로 흩어졌다.

물결마다 웃음이 튀었다.

바비도 그 속으로 몸을 던졌다.

하늘은 청명했고, 폭포 너머로 부드러운 바람이 불어왔다.

그 바람에는 황금송어의 향, 그리고 아빠의 숨결이 섞여 있었다.

바비는 조용히 중얼거렸다.

"이제… 우리가 이 강을 지킬 차례야."

그의 꼬리 짓이 부드럽게 물을 갈랐다.

아이들이 뒤를 따랐다.

그들의 지느러미가 햇살을 받아 번쩍였다.

그 모습은 마치 물 위를 헤엄치는 별빛 무리 같았다.

"산천어의 여정은 끝이 아니라 시작이었다.

그들이 웃는 곳마다, 강은 다시 노래했다."

제80화.

# 누치 형제의 산천어 마을 탐험기

아침 물안개가 계곡을 덮었다.
물은 수정처럼 차갑고, 공기는 코끝을 톡 쏘았다.

그 사이를 헤엄치는 두 마리의 그림자—
바로 초록강 출신 누치 형제였다.

"형, 오늘은 마을 탐험 2일 차죠!"

"그래, 우리가 초록강을 대표해서 왔으니
이곳의 지형, 수질, 음식 냄새까지 정밀 분석한다!"

"형, 분석은 좋은데 벌써 코가 얼었어요."
"그건 산천어 마을의 상쾌함이지!"
"…이건 냉장고 냄새인데요?"

두 형제는 바위를 돌아 얕은 수로로 들어섰다. 계곡은 생각보다 좁고 길었다.

양쪽 절벽에는 하얀 서리가 내려앉아 있었고, 물 위에는 얇은 얼음막이 살짝 번져 있었다.

"형, 이 물소리 들어봐요…
초록강의 쏴아 하는 소리랑 다르죠?"

"응. 여긴… '속삭이는 물소리'야.
마치 강이 조용히 숨 쉬는 것 같아."

"와… 낭만적인데요. 형 감성 물리 치료 받았어요?"
"원래 누치는 시적 어종이야."
"형, 어제까진 과학 어종이었잖아요."
"오늘부터는 문학 어종이야."

물살은 잔잔했지만, 살 속까지 스며드는 냉기가 있었다.
"형, 이거 진짜 얼음 수영장급이에요."

"좋아! 이게 바로 자연 냉찜질이야!"
"그럼 형은 얼음 조각되기 1분 전이에요."

계곡 위쪽, 물이 고이는 곳에서 어디선가 은은한 향기가 퍼졌다.
"형, 이 냄새 뭔가요? 향긋한데… 코 찡한 향?"

"이건… 산삼 냄새야."
"산삼이요? 전설의 그 약초?"

"그래. 인간들은 그걸 캐면 부자 된다지."
"그럼 우리도 캐요!"

"우린 손이 없어."
"…그럼 입으로 캐요!"
"그럼 산삼이 아니라 산초야."
"괜히 배고파졌어요."

곧이어 또 다른 향기가 스쳤다.
"형, 이번엔 칡 냄새요!"

"아… 이건 근육에 좋아."

“그럼 꼬리 마사지용으로 캐가요!”

“너 칡뿌리로 꼬리 문지르면 내일 ‘칡 지느러미’ 된다.”

“그건 좀 싫어요.”

그때 또 다른 냄새가 코를 간질였다.
“형, 이건 달아요. 설탕 같아요!”

“그건 산도라지 향이야.”
“산도라지요? 그럼 여기 물 마시면, 목이 시원해지겠네요!”

“그래. 이 물엔 약초 기운이 스며있지.”
“형, 이 마을은 진짜 헬스장이 아니라 한방 스파네요!”

“맞아. 초록강은 액션, 여긴 힐링이다.”

하늘에서 차가운 바람이 불었다.
물 위로 가느다란 흰빛 조각이 떨어졌다.

“형… 눈이 내리는 것 같아요.”
“응. 이곳엔 초록강보다 겨울이 먼저 오지.”

“와… 진짜 예뻐요.”

물결 위로 내리는 눈송이는 강물에 닿자마자 녹아, 작은 거품이 되어 흩어졌다.

누치 동생은 꼬리를 살짝 흔들며 눈을 받았다.

“형, 눈송이가 물 위에서 녹는 거… 슬픈데 예쁘네요.”

“그게 자연의 순환이지.

사라지는 게 아니라, 다시 흘러가는 거야.”

“형, 오늘 왜 이렇게 명언 제조기예요?”

“추우면 철학이 나와.”

그때, 물살 저편에서 익숙한 목소리가 들려왔다.

“누치 형들!”

“바비야!”

바비가 꼬리를 흔들며 다가왔다.

“여기까지 왔어요? 여긴 마을의 숨겨진 계곡이에요.

우리 마을 조상님들이 첫 알을 낳았던 곳이에요."

누치 형은 감동한 얼굴로 고개를 끄덕였다.
"그럼 여긴 역사적 명소네! '산천어의 시작, 제1산란지'!"

"형, 표지판이라도 세워요?"
"그래야 관광객 유치되지."
"관광객은 없어요…."
"그럼 물벌레라도 초대해."

바비는 웃음을 터뜨렸다.
"형들, 초록강 때보다 훨씬 유연해졌어요."

"그럼, 이젠 우리도 산천어 마을식 유머 배우는 중이야."
"산천어 유머요?"
"응, '흐름은 진지하지만 농담은 가볍게'."
"형, 그거 써먹어도 돼요?"
"특허는 없어."

그날 해 질 녘, 계곡은 붉은빛으로 물들었다.
산삼 냄새가 은은하게 섞인 바람이 불고, 눈발이 한두 송이 흩날렸다.

누치 형이 조용히 말했다.
"동생아, 초록강도 좋았지만 여긴 마음이… 편해진다."

"형, 맞아요. 여긴 '고생 끝 행복 시작'이라는 냄새가 나요."

"그건 산삼 냄새야."
"그래도 행복하잖아요."

바비가 미소 지었다.
"형들, 신천이 마을은 흐르는 자들이 머무는 곳이에요."

"그럼 우리도 머물 수 있을까?"

"물론이죠. 여기선 흘러온 이도, 흘러갈 이도 모두 가족이에요."
그 말에 누치 형제가 서로를 바라보며 웃었다.

눈발은 점점 굵어졌고,
물 위에 그들의 웃음이 퍼져나갔다.

"그날, 산천어 마을의 공기는 달고, 물은 깊었으며, 누치 형제의 마음엔 '고향이 두 개가 될 수도 있다'는 깨달음이 흘렀다."

제81화.

# 누치 형제들의 놀이터가 된 산천어 마을

아침 햇살이 물 위에 반사되어 반짝였다.

물속 공기는 청량했고, 이끼 냄새와 풀 향기가 섞여 있었다.

바비가 고개를 들어 하늘을 바라봤다.

"이제 여기가 형들 집이에요."

옆에서 누치 형제가 동시에 하품을 했다.

"후아아~ 집이라… 이런 게 진짜 '쉼'인가 봐."

"그러게, 이제 더 이상 폭포 타고, 흙탕물 헤엄치고, 깡패 붕어 피하지 않아도 되네."

"응, 그리고 아침마다 물지렁이 대신 자갈빵 먹고요."
"자갈빵은 치아 나간다니까!"
"그게 진짜 바삭해서 맛있는데."

바비는 깔깔 웃었다.
"형들, 오늘은 수영도 연습하지 말고 그냥 쉬어요."

"쉬어도 돼?"

"물론이죠. 산천어 마을에서는 '쉬는 것도 소중한 삶'이래요."

누치 형제는 또다시 마을 구석구석을 탐험했다. 바닥은 깨끗한 자갈이 깔려 있었고,
물살은 부드럽고, 공기는 달콤했다.

"형, 여기 물 냄새 좀 맡아봐요."
"응? 냄새가 나?"
"응, 물인데… 향긋해요. 풀냄새 같아."
"그러네. 초록강에선 쇠 냄새 났는데."

"그러니까. 여긴 숨 쉬는 냄새예요."
그들은 물풀 사이로 몸을 비비며 지나갔다.

“이야~ 이런 게 스파지.”

“스파요?”

“응, 초록강에서 물고기들이 ‘스트레스 해소 구역’이라 부르던 거.”

“그럼 여긴 프리미엄 스파네요!”
“프리미엄 맞지. 입욕제 대신 모래가 있잖아.”

점심때가 되자, 엄마 산천어가 직접 만든
‘맑은 물 미역국’과 ‘거품빵’이 준비되었다.

“와, 진짜 음식이 맑아요.”
“맛은 더 맑아.”

누치 형이 한입 먹고 눈을 동그랗게 떴다.
“이건… 혀로 마시는 평화야!”

“표현 괜찮은데?”
“내가 요즘 문학에 눈떴어.”

바비가 물었다.
"형들, 산천어 마을 음식은 입에 맞아요?"
"응, 초록강에서 먹던 것보다 천 배 나아."

"그래도 초록강 음식도 그리울 때 있겠죠?"

"가끔은… 그 특유의 매운 맛이 생각나지.
하지만 지금은… 음, 행복한 싱거움이 좋아."

그 말을 듣고 마을 식구들이 깔깔 웃었다.

식사 후, 바비가 말했다.
"형들, 산천어 마을 명소 구경시켜 줄게요!"

"명소?"

"응! 이름하여 '물거울 숲'!"

그들은 바비를 따라 깊은 물 속 숲으로 들어갔다.
햇살이 수면을 뚫고 내려와, 수초 사이로 별빛처럼 퍼지고 있었다.

물풀 잎마다 맺힌 공기 방울이 반짝이며,
마치 하늘의 별들이 물속에 떨어진 듯했다.

"형, 저거 봐요. 내 얼굴이 비쳐."
"진짜네! 근데 너무 잘생겼는데?"

"그건 각도 때문이다."
"아냐, 조명빨이다."
"그래도 행복하다."
"행복은 조명보다 오래가니까요."

바비가 웃었다.
"형들, 여긴 황금송어 님이 마지막으로 머물렀던 곳이에요.
그래서 이곳의 물은 언제나 따뜻하대요."

누치 형제는 잠시 눈을 감았다.
물살이 살짝 흐르며, 몸을 감싸는 온기가 느껴졌다.

"따뜻하다…."
"형, 이건 진짜 마음이 녹는 느낌인데요."

"응, 초록강에선 이런 물살은 없었지."

밤이 되었다.
마을은 고요했고, 물 위엔 별빛이 내려앉았다.

누치 형제는 바위 위에 나란히 누웠다.
"형, 오늘 너무 좋았어요."
"응, 이렇게 아무 일도 없는 게 제일 좋다."

"우리, 이제 여기서 살까요?"

"그래. 바비도 있고, 새우 식당도 있고, 공짜 물도 있고."
"공짜 물은 당연한 거잖아요."
"그게 더 좋잖아."

바비가 조용히 다가왔다.
"누치 형들, 산천어 마을 맘에 들어요?"

"최고야!"

"초록강은 우리를 키워줬고, 여기는 우리를 쉬게 해줘요."

그 말에 누치 형이 고개를 끄덕였다.
"그래. 강물은 다르지만 마음은 이어져 있네."

그 순간, 바람이 불었다.

물결이 출렁이며 별빛을 흔들었다.

세 마리의 그림자가 그 속에서 나란히 흔들리고 있었다—

산천어, 그리고 두 마리 누치 형제. 그들은 한동안 아무 말도 하지 않았다.

다만, 서로의 옆에서 천천히 숨을 쉬었다.

“이젠 도망칠 필요도, 싸울 이유도 없었다.

물은 고요했고, 마음은 평화로웠다.

초록강의 상처는 치유되고, 산천어 마을은 그들에게 쉼이 되어 주었다.”

그날 밤, 누치 형제는 꿈을 꾸었다.

폭포를 오르던 날도, 초록강의 어둠도, 이제는 단지 추억의 물결로 흘러가고 있었다.

그 대신 남은 건—

맑은 물, 따뜻한 친구, 그리고 ‘지금’이라는 평화.

제82화.

# 누치 형제, 산천어 마을에서 친구를 사귀다

아침 햇살이 유리처럼 맑은 산천어 마을 강 위로 쏟아졌다.

물풀 사이에서는 반짝이는 거품이 올라오고,

자갈 위에서는 아기 송어들이 꼬리로 '짝짝' 파도를 치며 장난을 치고 있었다.

그때—

물살을 요란하게 가르며 나타난 두 물체가 있었다. 누치 형제였다.

"자, 오늘의 미션은 '새 친구 만들기!'야."

"형, 그게 왜 미션이에요?"

"우리 초록강 대표 외교 대사잖아!
이제 산천어 마을에서도 인맥을 구축해야지."

"형, 근데 우리 인맥은 주로 플랑크톤이잖아요."

"플랑크톤도 친구다. 하지만 오늘은 업그레이드야!"

누치 형제가 향한 곳은 조용한 자갈 틈.
그곳에는 느릿느릿 기어다니는 물달팽이가 있었다.

"저기요, 혹시 이름이 뭐예요?"
"음… 달팽이요."
"우와! 이름이 자기소개랑 같네!"
"…그건 네 이름도 마찬가지잖아. 누치 씨."
"아… 그러네."

누치 동생이 끼어들었다.
"달팽이 씨, 우리랑 친구 할래?"

"음… 난 느려서 잘 못 따라갈 텐데."

"괜찮아. 우리도 자주 미끄러지거든."

"미끄러지는 게 취미면… 가능할지도."

달팽이는 천천히 웃었다.

그 웃음은 느리지만 묘하게 힐링되는 속도였다.

누치 동생은 감탄했다.

"형, 저 친구 느리지만 멋있어요."

"응, 속도보다 꾸준함이 더 중요하지."

"형, 그건 오늘 회의 주제예요?"

"아니, 인생 주제야."

그다음은 물풀 근처. 거기엔 꼬마 새우들이 신나게 뛰어놀고 있었다.

가운데엔 수염이 긴 새우 한 마리가 팔짱을 끼고 서 있었다.

"저기, 혹시 여기가 새우 마을인가요?"

"응. 나는 새우 삼촌이야. 왜?"

"저희, 친구 만들러 왔어요!"

"그래? 근데 수심 몇이야?"

"…수심이요?"

"어, 체급을 맞춰야 놀 수 있거든."

"저희는 중간 수심이에요. 가끔 얕은 데서 노는데, 가끔 깊은 데도 가요."
"흠… 그럼 합격. 단, 규칙이 있다."
"규칙이요?"

"말보다 꼬리로 대화할 것!"

누치 형이 바로 꼬리를 흔들었다.
"안녕! 반가워요!"

"너무 빨라. 진정해. 꼬리 톤 다운."
"이렇게요?"
"그건 졸린 꼬리야."
"그럼 이건요?"
"좋아. 이제, 우린 친구다."

누치 동생이 중얼거렸다.
"형, 산천어보다 새우가 더 까다로워요."

"인간관계란 원래 복잡한 거야."

"근데 형, 우리 인간 아니잖아요."

"그래도 복잡할 순 있잖아."

그날 오후, 형제는 물가로 올라왔다. 거기엔 물새 한 마리가 부리로 자갈을 툭툭 치고 있었다.

"아~ 너희가 초록강에서 왔다는 누치 형제구나!"

"네, 어떻게 아셨어요?"

"이미 소문 다 났지! 어제 《산천어 SNS — 강톡》에 올라왔어."

"강톡이요?"

"산천어 마을 공식 커뮤니티야.
검색어 1위가 '초록강 누치, 꼬리 파워 논란'이던데?"

"그게 왜 논란이에요! 그건 운동이에요!"

"댓글 보니까 '꼬리 파워 실화냐', '물살 조심해라' 난리였어."

누치 동생이 작게 속삭였다.

"형, 우리 이미 연예인이에요."

"이럴 줄 알았으면 꼬리 스타일링이라도 할걸…."

"그럼 다음 인터뷰엔 저 나가요. 저는 입담형이에요."

"그래. 넌 입담형, 난 비주얼형."

"거울 봤어요?"
"…이제 봐야겠네."

물새는 깔깔 웃었다.
"괜찮아, 너희 매력 있어. 자연스럽고, 물 냄새 나고, 초록강식 유머도 좋고."

"진짜요?"

"그래, 강물은 다르지만 마음은 갈잖아."
그 말에 형제는 괜히 가슴이 찌릿했다.

며칠 뒤, 산천어 마을에 '누치 형제 환영회'가 열렸다.
아기 송어들은 꼬리로 풍선 버블을 만들고, 새우 삼촌은 즉석 DJ로 나섰다.

"자, 이번 곡은 《흐름 속으로》~!"

달팽이는 느릿하게 춤을 추고,
물새는 위에서 박자를 맞췄다.

그리고 중앙에는 누치 형제가 섰다.
"형, 이게 진짜 행복이네요."

"응. 초록강 친구들도 보고 싶지만… 여긴 또 다른 우리 강이야."

"그럼 오늘은 산천어 마을식 건배로!"

"좋아. 구호는 '물살이여, 친구여!'다!"

"하나 둘 셋!"

"물살이여, 친구여—!!!"

거품이 터지며 물빛이 반짝였다.
웃음소리, 물소리, 그리고 조용한 바람. 모두가 함께 있었다.

그날, 산천어 마을엔 누치 형제 덕분에 새로운 웃음과 우정이 피어났다.

강이 달라도, 흐름이 다르지 않다.
친구는 늘— 같은 물길 위에서 만나는 법이니까.

제83화.

# 물빛 제단, 황금송어를 위한 노래

햇살이 물살 위에서 반짝이며 춤추고 있었다.

해 질 녘,
바비는 누치 형제와 아기 송어 무리와 함께,
황금송어가 태어난 계곡 한가운데로 나아갔다.

바비는 그곳, 바위 위에 조심스레 돌들을 쌓고, 그 위에 황금송어가 선물로 남긴 작은 별조개껍질 하나와 황금송어의 황금빛 비늘 한 조각을 올려놓았다.

그건 바비가 목숨 걸고 지켜온 약속이자,

자신의 정체성을 증명하는 '빛나는 예식'이었다.

누치 동생이 슬쩍 물었다.
"저거… 반짝이네요. 진짜 금이에요?"

누치 형이 콧소리 섞어 대답했다.
"이놈아, 금보다 귀한 거야. 저건 '약속의 증표'지."

"약속도 증표가 있어요?"

"몰라, 지금 감성 분위기잖아. 조용히 해."

바비는 제단 앞에 멈춰 섰다.
물결이 그의 꼬리를 스쳤다.

그는 천천히 입을 열었다.
"깊은 물줄기 따라 빛난 그대여,
우리를 품고, 우리를 살린 별빛이여.
그대가 남긴 황금빛 약속, 이 물속에 심어 우리도 지키리."

목소리가 계곡 전체에 퍼졌다.
아기 송어 하나가 소심하게 따라 불렀다.

“빛난 그대여….”

“그대가 남긴….”

“음정이 달라요 형!”

“괜찮아, 마음이 맞으면 됐어.”

그리고 어느새, 모든 아기 송어가 함께 노래하고 있었다.

수십 개의 작은 목소리가 하나로 어우러져, 계곡의 물결이 흔들리고, 바람조차 그 리듬에

따라 움직였다.

노래가 끝났을 때,

바비의 눈가에는 투명한 물방울이 맺혔다.

그건 슬픔이 아니라, ‘감사의 눈물’이었다.

그 순간—

하늘 위로 한 줄기 황금빛 무지개가 걸렸다.

계곡 끝에서 폭포까지 이어지는 빛의 다리.

누치 형이 감탄하며 말했다.

“이야… 조명 감독 누구야. 완벽한 타이밍인데?”

누치 동생이 고개를 끄덕였다.

“형, 이건 신의 연출이죠. ‘물빛 시네마틱’.”

“그래. 제목 정했다. 《물빛 제단, 그대의 노래》.”

바비는 웃었다.

그리고 마음속으로 조용히 다짐했다.

‘이제 내가 이 아이들의 수호자가 될게요.

황금송어 님이 지키려 했던 것들, 이젠 제가 이어갈게요.’

물결 위로 노을빛이 번졌다.

그 빛이 제단을 감싸며 부드럽게 일렁였다.

그리고 계곡 어딘가에서, 마치 황금송어의 미소 같은 물거품 하나가

살짝 떠올랐다.

아기 송어 하나가 말했다.

“봤어요? 저 거품, 분명 우리 노래 듣고 웃은 거야.”

바비는 고개를 끄덕였다.

“응. 아마 그럴 거야.

우리가 웃을 때마다, 그분도 웃고 계시겠지."

물빛 제단 위, 바비의 황금빛 눈동자가 반짝였다.
그건 슬픔이 아닌, 계승의 빛이었다.

"그날, 물은 다시 노래를 배웠다.
그리고 그 노래는 지금도 흘러, 모든 생명을 이어주고 있다."

제84화.

# 별이 된 아빠 산천어

밤은 조용했다.

계곡 위로 별빛이 내려앉고, 물살은 달빛을 머금은 채 은빛으로 반짝였다.

바비는 고향의 자갈밭 위에 조용히 앉아 있었다.

옆에는 엄마 산천어, 그리고 누치 형제들이 있었다. 모두 말이 없었다.

단지 하늘을 바라보고 있었다.

그 하늘 한가운데, 유난히 밝게 빛나는 별 하나가 있었다.

노란빛도, 하얀빛도 아닌—
마치 황금빛 비늘이 빛나는 듯한 색.

누치 동생이 먼저 입을 열었다.
"저거 봐. 저 별, 꼭 누가 꼬리로 물살을 흔드는 것 같지 않아요?"

누치 형이 코웃음을 쳤다.
"에이, 넌 맨날 감성팔이야."

"형은 감성이 고장 났어요."

"난 현실주의야."

"그래서 여자 친구가 없죠."

"…그건 별개의 문제다."

바비가 피식 웃었다.
그 웃음에 엄마 산천어도 조용히 미소를 지었다.

바비는 별을 향해 속삭였다.

‘아빠… 오늘 밤은 유난히 반짝이네요. 혹시… 저 별이 아빠 별인가요.’

그 순간, 물결이 잔잔히 흔들렸다.
별빛이 강물 위로 내려와, 바비의 얼굴을 부드럽게 비췄다.

“아빠… 보고 싶어요.
고향도, 엄마도, 모두 잘 있어요.”

날빛이 미세하게 떨렸다.
그리고 아주 조용히, 아주 은은하게—
계곡 어딘가에서 바람 같은 목소리가 들려왔다.

“바비야….”
바비는 눈을 동그랗게 떴다.

“아… 아빠?”
“그래, 잘 지내고 있구나.”

그 목소리는 폭포 아래에서 들었던 그 따뜻한 울림 그대로였다.
“아빠… 진짜예요?”
“하하, 진짜는 아니고… 살짝 ‘하늘 버전’이지.”

"하늘 버전이요?"

"그래, 지금은 클라우드 모드로 전송 중이다."

"클라우드…?"

"아빠가 별 계정으로 업로드됐단 뜻이야."

"아빠, 그런 농담은 여전하네요…."

"농담이라도 해야 울지 않지 않겠냐."

바비의 눈가에 다시 눈물이 맺혔다.

"아빠, 그곳에서 잘 지내시는 거죠?"

"그래, 잘 있단다. 바비야 아빠는,
네 마음속에 언제나 살아 있단다."

별빛이 더 밝아졌다.
계곡 위 물결이 마치 춤추듯 반짝였다.

"아빠, 저 이제는 알겠어요.
사랑은 끝나지 않는다는 걸."

"그렇지.
강물이 바다로 가도, 결국 다시 산으로 돌아오듯이."

"아빠… 저도 이제, 아빠처럼 될래요.
누군가의 등을 밀어주는 그런 산천어가 될 거예요."

"그래, 그게 바로 네가 이 세상에 남겨질 이유야."

그때, 줄무늬다람쥐가 고개를 하늘로 들고 두 손을 모았다.
"별님, 그쪽 세상은 와이파이 잘 터지시나요?"
별빛이 반짝이며 대답하듯 깜빡였다.

누치 형이 킥킥 웃었다.
"야, 별이 깜빡했어. 그건 '좋아요' 누른 거야."

"그럼 아빠 산천어가 내 댓글 좋아요 누른 거야?"

"그렇지. 이제 넌 공식 팬클럽 1호야."
"별 공식 팬클럽이야?"
"응, 이름은 '별빛 지느러미'로 하자."

모두가 웃었다.
눈물 뒤의 웃음은, 그 어떤 노래보다도 따뜻했다.

밤이 깊었다.

별빛은 더욱 선명해지고, 그 아래서 바비는 조용히 눈을 감았다.

"아빠, 고마워요.
이제 전 괜찮아요. 아빠가 남긴 길, 제가 이어갈게요."

그 말이 끝나자, 하늘의 별빛이 한층 더 환하게 빛났다.

그리고—
물 위로 황금빛 비늘 하나가 천천히 떠올라, 계곡을 따라 흘러갔다.

그 비늘은 산천어 마을을 한 바퀴 돌더니, 조용히 바비의 가슴 위에 내려앉았다.

바비는 미소 지었다.
"좋아요, 아빠. 이건 당신의 '좋아요'죠?"

하늘에서 별 하나가 반짝—
'맞다'는 듯 깜빡였다.

"별은 사라진 아버지의 마음이 아니다.
여전히 우리를 비추는 사랑의 또 다른 이름이다."

제85화.

# 누치 형제들, 다시 흐름을 꿈꾸다

아침 햇살이 바위 위를 비스듬히 비추며
물결 사이로 반짝였다.

산천어 마을은 여전히 평화로웠다.
새소리, 물방울 소리, 그리고 산속 바람 냄새.

모든 게 조용하고 고요했다.
그런데— 그 고요함이, 누치 형제에겐 이상하게 심심했다.

"형."
"응?"

"산천어 마을, 너무 조용하지 않아요?"

"조용한 게 좋은 거잖아. 평화, 힐링, 자연, 뭐 그런 거."

"근데… 난 좀 이상해."

"왜?"

"아침에 눈 뜨면 누가 '이거 긴급 상황!' 이러고 소리쳐야 할 것 같은데, 여긴 그런 게 없잖아요,
안 그래?"

"그건 좋은 거야."

"아니, 초록강에서는 하루도 조용한 날이 없었잖아요. 붕깡두가 소리치고,
페페는 아침부터 노래하고, 굴 사장은 할인 행사 하고…."

"너, 초록강이… 그리워졌구나?"
"응. 솔직히 말하면 좀 그리워요…."

그 말에 형이 잠시 입을 다물었다.

바비가 지나가다 들었다.
"형들, 무슨 얘기예요?"

"아니야~ 그냥 추억 얘기."
"추억이라… 초록강 생각난 거죠?"
"응, 거긴 시끄럽지만 살아 있는 냄새가 났거든."
"거긴 이상한 냄새도 났잖아요?"
"그래서 더 좋았어! 이끼, 진흙, 삶의 냄새."

바비는 웃으며 말했다.
"형들답네요. 여긴 너무 깨끗해서 불편하죠?"

"살짝… 응, 맑아도 너무 맑아. 숨이 막혀."
"그럼 좀 더러워질 때까지 기다릴까요?"
"그건 싫어!"

그날 오후, 두 형제는 물풀 사이를 헤엄치며 이야기했다.
"형, 기억나? 초록강에서 페페가 잘피숲 심던 거요."

"아, 그 녀석이 거기다 팻말 세웠잖아. '페페 플랜트샵'."

"맞아, 거기서 산달팽이 알이 부화했었죠."

"그리고 붕깡두는 또 숨어 있다 뛰쳐나와서 '이건 내 구역이다!' 했잖아."

"ㅋㅋㅋㅋ"

둘은 한참을 웃었다.
하지만 웃음이 가라앉자, 둘 다 동시에 조용해졌다.

물 위에 잔물결만 흔들렸다.
"형, 우리…초록강으로 다시 돌아갈까요?"

"뭐? 초록강으로?"

"응. 거긴 아직 해야 할 일이 많잖아요.
황금송어 님이 남긴 마법도, 잘피숲도, 그리고…."

"그리고?"
"아직도 혼자 싸우다, 위험에 처한 친구들이 있을지도 모르고요."

"그래… 근데…."
"근데 뭐요?"

"우리 거기 가면 또 고생하잖아. 흙탕물, 독극물, 깡패 물고기…." "그게 인생이지!"

"난 인생보다 낮잠이 좋아."

"형, 그건 철학적으로 틀렸어요."
"아니, 신체적으로 맞아."

"그건 게으름이에요."
"그건 명상이에요."
"그건 변명이에요."

"그건… 인정."

바비가 말했다.
"형들, 초록강이 그리운 거죠?"

"초록강으로 돌아갈까 말까… 그 얘기 중이야."

바비의 얼굴이 살짝 굳었다.
"그래요… 초록강…."

그의 눈빛이 잠시 멀어졌다.

“저도 가끔 생각나요. 그 강은 참 힘들었지만… 진짜 ‘살아 있었죠’.”

그날 밤, 두 형제는 바위 위에 나란히 앉았다.

별빛이 물 위를 따라 흔들렸다.

“형.”

“응?”

“우리… 진짜 가요.”

“음… 그래도 여긴 밥도 주고, 잠자리도 있고, 매일 미역국 나오잖아.”

“초록강엔 사건이 있잖아!”

“난 사건보다 수면이 좋아.”

“형, 그런 태도로 인생 못 이겨요.”

“난 인생 안 이기고 싶어. 그냥 흘러가고 싶어.”

“형답네요. 근데 나, 초록강 친구들 보고 싶어요.”

“그럼 너 혼자 다녀와.”

"그럼 형은요?"

"난 여기 있을래."
"진짜요? 그럼 전 떠날게요."
"그래… 잘 가라."

잠시 침묵.

"형, 같이 가요…."
"에휴, 결국 또 나 없이 못 가겠지?"

"형 없으면 방향 못 찾아요."
"맞네, 너 진짜 길치잖아."
"그래서 형이 꼭 필요해요."

"으이그… 알았어.
그 대신, 이번엔 나중에 꼭 커피 한 잔 사."

"물고기가 커피를요?"
"초록강에 새로 생겼잖아. '개굴 카페' 몰라?"

"ㅋㅋㅋ 형, 진짜…."

다음 날 아침.
바비와 산천어 가족들이 물가에 서 있었다.

"진짜 떠나는 거예요, 형들?"
"응. 이젠 우리가 도와줄 차례야."

"초록강에도 다시 봄이 오고 있대요."

"그럼 우리가 봄바람이 되는 거지."

엄마 산천어가 말했다.
"누치 형제들, 고마웠어요.
여기서 얻은 평화를 초록강에도 나눠주세요."

형제가 동시에 고개를 숙였다.
"물론이에요. 여긴 쉬는 곳이었고, 이제 다시 일하러 가야죠."

바비가 살짝 미소 지었다.
"형들, 초록강에 가면 전해줘요."

"뭘?"

“바비와 아기 송어들은 여전히 초록강을 잊지 않고 기억하고 있다고….”

“그래, 꼭 전할게.”

그들은 천천히 강을 따라 내려가기 시작했다. 맑은 물이 발끝(지느러미 끝)을 간지럽혔다.

누치 동생이 말했다. “형, 그래도 좀 아쉽네요. 산천어 마을은 진짜 좋았는데.”

“응. 근데 우린 멈추면 안 되는 물고기야.”

“왜요?”

“우리 이름이 ‘누치’잖아. 늘 누(流)치(持)— 흐름을 쥐고 사는 물고기지.”

“와, 형 되게 멋있어요.”

“그래서 피곤해.”

“역시 형.”

그들은 그렇게 웃으며 물살 속으로 사라졌다.

물 위엔 별빛이 반짝였고, 멀리서 바비의 목소리가 들려왔다.

“형들! 초록강 가면 다치지 말고요!”

"걱정 마! 거기선 우리가 프로야!"

흐름은 다시 시작되었다.

평화로운 쉼은 끝났지만, 그들의 마음은 더 깊어졌다.

초록강이 다시 살아날 그날까지—

누치 형제는 또다시 물살을 향해 나아가기로 결심했다.

제86화.

# 누치 형제들과의 이별

산천어 마을은 고요했다.

물속은 반짝였고, 물풀은 춤을 추고 있었다.

아기 송어들은 여기저기서 뛰어오르며 소리쳤다.

"야, 나 폭포 뛰어올랐어!"

"거짓말! 넌 반밖에 못 갔잖아!"

"반은 올라갔으니까 성공이지!"

계곡엔 웃음이 넘쳤다.

하지만 한쪽 바위틈엔, 다른 공기가 흘렀다.

바비와 누치 형제가 조용히 앉아 있었다.

햇살은 따뜻했고, 물은 맑았지만… 이상하게 마음속 어딘가가 서늘했다.

바비가 입을 열었다.

"누치 형들… 정말 초록강으로 돌아가는 거예요?"

누치 형이 천천히 고개를 끄덕였다.

"응. 거긴 아직 우리가 돌봐야 할 애들이 있어. 물살이 깨져버린 강이라… 우리가 없으면
금방 병들지도 몰라."

누치 동생이 씩 웃으며 말했다.

"그리고 솔직히… 그 강은 우리 엄마가 만든 맛있는 진흙밭이 있거든."

"또 먹는 얘기야?"

"형, 인생은 먹고 사는 거죠."

"지금 감동 장면이야, 조용히 해."

바비는 피식 웃었다.
하지만 웃음 끝에 목소리가 흔들렸다.

"그 강은 아직도 위험하잖아요…."

누치 형은 잠시 물살을 바라보다 말했다.
"위험하다는 건… 아직 살 희망이 있다는 뜻이야. 죽은 강이라면 아무것도 위험하지 않거든."

그 말에 바비의 눈빛이 깊어졌다.
그들은 단순히 돌아가는 게 아니었다. 세상을 치유하러 가는 거였다.

그때, 물결 사이로 엄마 산천어가 다가왔다.
"바비야, 누치 형들과 이야기 중이니?"

"응… 엄마, 누치 형들이 초록강으로 돌아간대요."

엄마는 잠시 누치 형제에게 눈인사를 건넸다.
그들의 눈빛엔 장난기보다 책임감이 먼저 담겨 있었다.

"그래, 참 용감하구나.

누군가의 강을 지킨다는 건… 마음이 강해야 가능한 일이란다."

바비가 고개를 끄덕였다.
"엄마, 나도 도와주고 싶어요. 혼자 사는 게 아니라, 같이 살아야 하니까요."

엄마는 조용히 미소 지었다.
"그래… 바비, 네 마음이 참 자랑스럽구나.
하지만 지금은 잠시 쉬자. 강물도 쉼표가 있어야 노래를 완성한단다."

바비는 누치 형제 앞에 다가가, 천천히 몸을 숙였다.
"정말 고마웠어요. 형들이 아니었다면, 저랑 아기 송어들은 고향에 돌아오지 못했을 거예요."

누치 형은 바비의 등을 툭 쳤다.
"너도 이제 어른이야, 바비. 눈물은 강물에 흘리고, 마음은 앞으로 흘려."

누치 동생이 장난스럽게 웃었다.
"우리랑 헤어지면 보고 싶을걸? 보고 싶어지면… 꿈속에 나와.
단, 내가 매운탕으로 나와도 놀라지 마."

"야! 그런 농담을 지금 해?"
"형, 분위기 너무 무거워요. 눈물의 농담이 필요해."

바비는 웃음과 울음을 동시에 터뜨렸다.
"형들 진짜… 마지막까지 이렇게 웃기네요."

"그래야 이별이 덜 아프지."

계곡 위, 바람이 살짝 불었다.
줄무늬다람쥐가 나뭇가지 위에서 손수건을 흔들었다.

물총새는 하늘을 가르며 울었다.
"끼이익—! 행운을 빌어!"

누치 형제가 물속으로 몸을 던졌다.
물보라가 번쩍이며 하늘빛으로 반짝였다.

그 순간, 바비는 외쳤다.
"누치 형들! 초록강이 다시 노래할 수 있게 해주세요!"

누치 형이 손을 흔들며 대답했다.
"걱정 마! 거기선 우리가 '강물 팀'이야!"

엄마 산천어도 나와 배웅했다.

"누치 형제들, 고마웠어요. 조심히 가요.

당신들이 있던 초록강이 다시 살아나길…."

누치 동생의 목소리가 멀어지며 들려왔다.

"네, 잘 지내세요, 어머니!"

"바비! 다음에 다시 만나면 회식하자! 메뉴는 당연히 플랑크톤탕!"

물결이 잦아들었다.

그들이 떠난 자리엔 잔잔한 파문만 남았다.

물 위엔 별빛이 반짝였고,

멀리서 바비의 목소리가 들려왔다.

"형들! 초록강에 도착하면, 소식 꼬옥 전해줘요!"

"그래! 안녕!!

"흐름은 다시 시작되었다.

평화로운 쉼은 끝났지만, 그들의 마음은 더 깊어졌다.

초록강이 다시 살아날 그날까지—
누치 형제는 또다시 물살을 향해 나아갔다."

그날 밤,
산천어 마을은 여전히 고요했지만,
그 고요 중심에는 노래가 흐르고 있었다.

"흐르는 강물은 다시 만나고,
멀어진 친구는 다시 웃으리."

바비는 물결 위에서 속삭였다.
"안녕, 형들. 언젠가 다시, 물빛으로 만나요."

계곡은 고요히 빛났고,
그 속엔 눈물처럼 아름다운 이별이 천천히 흘러가고 있었다.

"이별은 끝이 아니다.
흘러간 마음은, 다시 강이 되어 돌아온다."

제87화.

# 다시, 산천어 마을에서

"후—"

바비는 고향의 물속에서 길게 숨을 들이켰다.

맑은 물이 폐 끝까지 차오르고, 가슴이 따뜻하게 부풀었다.

바위 위에는 푸른 이끼가 부드럽게 깔려 있었고,

계곡물은 햇살을 품은 채 반짝이며 흘러가고 있었다.

수면 위엔 작은 물방울들이 춤추듯 튀었다.

"엄마… 냄새가 나요. 어릴 적 냄새예요." 바비는 눈을 동그랗게 뜨고 엄마를 올려다봤다.

엄마 산천어는 조용히 웃으며 말했다.
"그래, 여기가 바로 네가 태어난 곳이란다.
이 물길, 이 바람, 이 빛까지… 전부 우리 가족의 집이지."

그 말을 들은 순간,
바비의 가슴 어딘가에서 뜨거운 무언가가 올라왔다.

초록강의 흙냄새, 폭포의 물살,
그리고 아빠의 등에 업혀 오르던 그 길들이 한꺼번에 떠올랐다.

"엄마…."
바비는 살짝 머뭇거리다 엄마에게 다가갔다.
그리고 자신의 지느러미를 조심스럽게 엄마의 지느러미 위에 포갰다.

"지금의 나는, 엄마랑 아빠 덕분이에요.
정말… 고마워요."

엄마는 말없이 바비의 머리를 쓰다듬었다.
그 손길이 마치 물속의 햇살 같았다— 따뜻하고, 흔들리지 않는 빛.

잠시 후, 두 산천어의 눈에서 물방울이 맺혔다.
그건 슬픔이 아니라, 감사의 눈물이었다.

그때, 멀리서 줄무늬다람쥐가 고개를 내밀었다.
"에헴! 감동 모드 진입인가요?"

물총새가 옆에서 깃털을 털며 말했다.
"쉿, 지금 영화 엔딩 씬이야. 조용히 좀 해."

"근데 감동은 좋은데… 나 배고파."
"야, 지금 울컥하던 장면 망쳤잖아!"

"아니 감정도 에너지거든요."

"됐다, 도토리나 먹어."

엄마 산천어와 바비는 동시에 피식 웃었다.
이제 그들에게 고요한 슬픔 대신, 살아 있는 웃음이 함께 있었다.

밤이 되자, 계곡 위로 별빛이 가득 쏟아졌다.
은은한 물결 위로 별 하나가 떨어지자,
바비는 살짝 눈을 감았다.

‘언젠가 나도… 누군가의 아빠가 될 수 있을까? 그리고 나처럼 길을 잃은 물고기에게 작은 등불이 되어줄 수 있을까?’

그는 그 질문을 물결 속으로 흘려보냈다.
그러자 계곡 어딘가에서 누군가의 웃음 같은 잔물결이 번졌다.

바비는 천천히 물살을 따라 헤엄쳤다.
그의 꼬리지느러미는 별빛을 머금고 있었다.

“아빠, 엄마… 저 이제 괜찮아요.
이제부터는, 제 길을 제가 흘러가 볼게요.”

별빛이 반짝이며 대답했다.
물은 여전히 흐르고, 삶은 다시 이어지고 있었다.

“흐르는 물은 멈추지 않는다.
사랑도, 약속도, 생명도 그렇다.”

아기 산천어 바비는 이제,
누구보다 단단한 어른 산천어 바비가 되어 있었다.

그리고 그가 남긴 첫 번째 말은—

"엄마, 저 내일부터 아기 돌보미 지원해 볼래요."

"그래, 바비야. 그게 바로… 네가 노래해야 할 삶이란다."

계곡엔 또 한 번 잔잔한 웃음이 퍼져나갔다.

"산천어 마을의 물은 다시 노래하고, 강물은 다시 흐른다.

그 흐름 속에, 사랑과 용기의 이름으로— 바비의 이야기가 영원히 살아 있었다."

제88화.

# 물빛 아이들, 흐름을 잇는 세대

햇살이 강 위에 부서졌다.
바람은 따뜻했고, 물은 눈부셨다.

아기 송어들이 물살을 따라 이리저리 헤엄치며 장난을 쳤다.
"잡아봐라! 내가 더 빠르다~!"

"야, 반칙이야! 꼬리 쓰면 안 되지!"

"그럼 송어가 어떻게 가!"

물 위로 튀어 오르는 아이들의 비늘은 햇살을 받아 반짝였다.

그 반짝임은 마치 별빛처럼, 계곡 전체를 반사경처럼 빛나게 했다.

바비는 그 모습을 미소 지으며 바라보고 있었다.

그의 옆에는 바비를 따르는 고향 마을의 산천어 친구도 함께 했다.

"봐라, 바비. 얘네는 진짜 물빛 아이들이야."

"그래, 우리가 그때 흘린 눈물들이 다 이렇게 헤엄치고 있잖아."

"바비, 그건 너무 시 같아."

"시라니, 시는 원래 물고기처럼 써야 돼. 흘러야 하거든."

"바비, 너는 가끔 철학자 같은 말을 해?"

"가끔만?"

둘의 티격태격 소리에 아이들이 깔깔 웃었다.

물결은 그 웃음을 따라 흔들렸고, 강은 마치 웃는 듯 반짝였다.

그때 바비가 조용히 말했다.

"이젠 산천어 마을이 완전히 살아났어.

아빠가 지켜주던 흐름이, 이제 우리 안에서 이어지고 있어."

곁에 있던 산천어 친구가 미소를 지었다.

"그래, 흐름은 기억이니까. 우리의 웃음이 물의 심장이 된 거지."

그 말에 아이들이 다가와 물었다.

"형아, 그럼 우리도 언젠가 바비 형처럼 자신 있게 폭포를 오를 수 있어요?"

바비가 고개를 끄덕였다.

"그럼. 하지만 폭포를 오르는 건 힘이 아니라 마음이야.

누군가를 사랑하는 마음이 있으면, 물살도 길을 내주지."

아이들은 눈을 반짝였다.

"그럼 우리도 누군가의 물빛이 될래요!"

"좋지. 너희가 바로 그 빛이야."

멀리서 황금빛 한 줄기가 물속을 가로질렀다.

그건 황금송어의 잔광이었다. 그 빛이 아이들의 주위를 돌며 속삭였다.

"너희는 물의 기억이고, 사랑의 노래란다."

바비가 고개를 들었다.

하늘에는 커다란 구름이 떠 있었고,
그 아래 폭포에서 흘러내린 물이 무지개를 만들고 있었다.

그는 마음속으로 중얼거렸다.
'아빠, 보고 계시죠?
아빠가 지켜낸 물길에서, 모두가 웃고 있어요.'

그 순간, 물결 사이로 바위 그림자가 흔들렸다.
그건 마치, 미소 짓는 아빠 산천어의 얼굴 같았다.

바비는 웃었다. 그리고 조용히 속삭였다.
"이제 이 계곡은, 우리 모두의 고향이에요."

물결이 대답했다.
쏴아아아아—

그날, 산천어 마을의 모든 생명이 함께 노래했다.
물빛의 아이들이 부르는 세상의 노래였다.

"흐름은 멈추지 않는다. 사랑은 강이 되어 다시 태어난다.
그리고 우리는— 그 물빛의 아이들이다."

제89화.

# 그리움은 흐름이 되고,
# 흐름은 다시 생명이 된다

몇 계절이 흘렀다.

강원도 깊은 계곡, 맑은 물결 위엔 이제 새로운 생명들이 반짝이고 있었다.

제법 몸집이 자란 송어들과, 어린 산천어들이 햇살 속을 헤엄치며 장난을 쳤다.

"형, 저기 폭포 진짜 높아요!"

"겁먹지 마, 바비 형도 저기 뛰어올랐대!"

"진짜요? 전설의 그 바비 형요?"

"응! 우리 산천어 마을의 히어로지."

이제 바비의 이름은 하나의 이야기이자 신화가 되어 있었다.
누군가는 그를 "폭포를 넘은 자",
또 누군가는 "황금송어와의 약속을 지킨 자"라고 불렀다.

하지만 바비는 여전히 겸손했다.
그는 매일 아침이면 폭포 근처로 향했다.

그곳, 아빠 산천어가 마지막 힘으로 그를 밀어 올려주던 자리.
바비는 잠시 눈을 감고 물살에 몸을 맡겼다.
그리고 마치 대화를 나누듯 조용히 속삭였다.

"아빠, 오늘도 아이들은 잘 지냈어요.
요즘 애들은 진짜 빨라요. 저보다 더 헤엄을 잘해요."

물결이 조용히 흔들렸다.
마치 "그래, 잘했구나" 하고 대답하는 듯했다.

바비는 미소 지었다.
슬픔은 세월을 따라 흘러가며 그리움과 존경으로 변해 있었다.

바비의 친구들 모두는 잘 지내고 있다.
다시 초록강으로 돌아온 누치 형제는 여전히 환경 정화 운동을 하고 있었고, 줄무늬다람쥐는 마을의 '공식 소문 담당'으로 진급했다.

"오늘도 바비가 폭포 밑에서 명상했대!"

"진짜? 하루라도 안 하면 물 수위가 달라진다던데?"

"그건 좀 오버야, 다람쥐 씨."

"에이, 전설은 디테일이 중요해요!"

계곡은 여전히 웃음과 생명으로 가득했다.

어느 날, 바비는 어린 산천어 하나를 데리고 폭포 아래로 갔다.

"봐 봐, 여기가 아빠 산천어가 나를 밀어 올려준 자리야."

아기 산천어가 눈을 동그랗게 떴다.

"무서워요… 물살이 너무 세요."

바비는 잠시 미소를 지었다.

그리고 조용히 말했다.

"나도 그랬단다.

하지만 누군가는 너를 믿고 밀어줄 거야.

그게 사랑이고, 그게 우리가 여기 살아 있는 이유야."

그 말에 아기 산천어의 눈이 반짝였다.

"그럼… 전에도 누군가가 저희를 믿었겠네요?"

"그렇지. 아빠와, 황금송어가, 그리고 강물이."

바비는 물 위를 바라봤다.

햇살이 반사되어 수면 위가 눈부시게 빛났다.

그 속에서 잠시, 아빠 산천어의 미소가 어렴풋이 보였다.

"아빠… 보고 있죠?"

그는 속삭이며 꼬리를 천천히 흔들었다.

"저는 오늘도 산천어 마을을 지키고 있어요."

바람이 불었다.

물결이 춤을 추었다. 계곡 위, 하늘빛과 강빛이 하나로 녹아들었다.

그 빛 속에서

누군가는 또다시 새로운 노래를 시작했다.

"흐르는 강물 따라, 생명은 이어진다.
어제의 눈물이 오늘의 빛이 되고, 오늘의 사랑이 내일의 노래가 된다."

바비는 천천히 고개를 들었다.
그의 눈동자엔 여전히 초록강의 색이, 그리고 아빠의 황금빛이 함께 빛나고 있었다.

그날 이후,
산천이 마을의 강은 《산천어의 노래》를 품고 흘렀다.

그리고 아이들이 물 위를 뛰어놀며 외쳤다.
"형, 저도 언젠가 폭포를 뛰어넘을래요!"

"그래, 넘어라. 그 대신— 꼬리 근육부터 키워야 한다."

계곡은 웃음으로 넘쳤고, 강물은 여전히 흐르고 있었다.

"한 마리 산천어의 여정이 끝나도,
강의 이야기는 끝나지 않는다."

에필로그

# 아빠 산천어의 편지

바비야,

이 편지가 너에게 닿을 수 있을까?

물살을 따라, 바람을 따라, 그리고 네 마음속으로—

언젠가 네가 하늘을 보며 나를 떠올릴 때, 그때 이 편지도 함께 도착하겠지.

처음 널 봤을 때가 생각난다.

조그만 지느러미로 내 꼬리를 쫓으며 “아빠, 기다려요!” 하던 네 목소리.

그때의 넌 물살보다 작고, 마음은 세상보다 컸다.

그래서 나는 늘 두려웠단다.
네가 그 마음을 다치게 될까 봐.

하지만 이젠 안다.
강물은 널 데려간 게 아니었어. 너를 단단하게 만든 거야.

초록강의 위협, 검은 불곰의 공격, 그리고 별조개의 빛—
그 모든 건 널 '흐름을 아는 산천어'로 만들어 주기 위한 길이었지.

바비야,
세상은 늘 변하고, 강물은 멈추지 않는다.
어떤 날엔 세상이 탁하고, 어떤 날엔 눈처럼 맑겠지.

하지만 흐름을 잃지 마라.
강물은 방향을 잃지 않거든. 언제나 바다로 향하니까.

혹시 기억하니? 아빠가 늘 하던 말.
"강물은 길을 잃지 않아. 단지 잠시 멈춰 쉬는 거야."
너도 그래야 한다.

힘들 땐 멈춰서 하늘을 봐라.
거기엔 언제나 별이 있고, 그 별 하나는…
언젠가 아빠였던 내가 너를 비추고 있을 거야.

그리고 누치 형제에게도 전해다오.
"너희 입은 여전히 시끄럽지만, 그 웃음이 강을 살린다."고.

굴 사장에게는 "물값 대신 개구리 노래로 갚을게."라 전해라.
그럼 분명, 그 녀석은 또 "정말요?" 하면서 뛰어오르겠지.
하하, 그 웃음소리만큼 강을 맑게 하는 건 없단다.

바비야,
넌 이제 어른이 된 산천어야.
더 이상 내가 지켜줄 필요도 없고, 이제 네가 누군가를 지켜줄 차례다.
그게 바로 강의 순환이자, 생명의 약속이란다.

그러니 울지 마라.
아빠는 네 곁을 떠난 게 아니야. 나는 여전히 강물 속에서 흐르고 있단다.

네가 헤엄칠 때, 네 꼬리 뒤에서 살짝 일렁이는 물결로—
그게 바로 아빠야.

끝으로 이 말만 남기고 싶구나.

《"진짜 아버지는 멀리 떠나도, 바비의 마음속에 남는다."》

흐름은 계속된다, 바비야.
그리고 그 흐름의 한가운데— 언제나 네가 있다.

언제나 너의 아빠 산천어가.

(끝)